Meine Afrikareise

Winston Churchill

Writat

Diese Ausgabe erschien im Jahr 2024

ISBN: 9789359940298

Herausgegeben von
Writat
E-Mail: info@writat.com

Inhalt

VORWORT

Was das Sammeln von Informationen betrifft, werden die Vorteile des Reisens oft überbewertet. Es wurde schon so viel geschrieben, es sind so viele Fakten über jedes Land, selbst das entlegenste, dokumentiert, dass ein umsichtiges und beharrliches Studium des vorhandenen Materials es einem Leser zweifellos ermöglichen würde, sich fast bis zum Überfluss mit Wissen anzufüllen, ohne seinen Stuhl verlassen zu müssen. Aber für die Meinungsbildung, für die Anregung und Belebung des Denkens und für die Unterscheidung von Farbe und Proportionen sind die Gaben des Reisens, insbesondere des Reisens zu Fuß, von unschätzbarem Wert. Mit der Absicht und in der Hoffnung, solche Preise zu gewinnen, unternahm ich letztes Jahr die Pilgerfahrt, von der diese Seiten berichten. Ich kann nicht sagen, ob es mir gelungen ist, sie zu gewinnen; und noch weniger, ob sie, falls gewonnen, übertragbar sind. Ich betrachte diese Briefe daher mit bescheidenem Blick. Sie wurden hauptsächlich an langen, heißen Nachmittagen in Uganda geschrieben, nachdem der Tagesmarsch beendet war. Der größere Teil ist bereits im *Strand Magazine erschienen* , und was hinzugefügt wurde, war notwendig, um die Geschichte zu vervollständigen.

Sie bieten eine fortlaufende Erzählung der heiteren Seite einer Reise, die für mich sehr erfreulich und inspirierend war. Und ich biete sie der Öffentlichkeit in zusammenhängender Form zur Freude an, in der Hoffnung, dass sie das Interesse der Briten an den wundervollen Ländereien, die sie vor kurzem im nordöstlichen Teil Afrikas erworben haben, beleben und stärken.

WINSTON SPENCER CHURCHILL

London , 1908.

KAPITEL I

DIE UGANDA-EISENBAHN

Der Anblick von Mombasa, wie sie beim schnellen Herannahen des Schiffes aus dem Meer steigt und sich mit Form und Farbe kleidet, ist verführerisch und sogar köstlich. Aber um all diese Reize zu genießen, sollte der Reisende aus dem Norden kommen. Er sollte die heißen Steine Maltas sehen, die auf einem stahlblauen Mittelmeer backen und glitzern. Er sollte die Insel Zypern besuchen, bevor die Herbstregen den Boden belebt haben, wenn die Messaoria-Ebene eine weite Wildnis aus Staub ist, wenn jeder Baum – sei es nur ein Dornenstrauch – ein Erbstück ist und jeder Wassertropfen ein … Juwel. Er sollte mittags zwei Stunden lang durch die Straßen von Port Said laufen. Er sollte die lange rote Furche des Suezkanals durchqueren und durch das Tal des Roten Meeres schwitzen. Er sollte einen Tag in der Asche von Aden und eine Woche in den verbrannten Felsen und Steinen im Norden Somalilands verbringen; Und dann, nach fünf Tagen auf offener See, werden sein Auge und sein Geist bereit sein, mit Gefühlen dankbarer Freude diese Küsten mit ihrem lebendigen und üppigen Grün zu begrüßen. Auf allen Seiten gibt es Vegetation, feucht, turbulent und abwechslungsreich. Große Bäume, in dichtes Laubwerk gehüllt, von Schlingpflanzen umhüllt, die aus grünen Beeten sprießen, drängten sich durch das Unterholz; Palmen, die von blühenden Anhängern miteinander verbunden sind; jede Art tropischer Pflanze, die von Regen und Sonnenschein lebt; hohes, wogendes Gras, leuchtende Flecken violetter Bougainvilleen und in der Mitte, verstreut, kaum den Kopf über die fruchtbare Flut der Natur haltend, die rotgedeckten Häuser der Stadt und des Hafens von Mombasa.

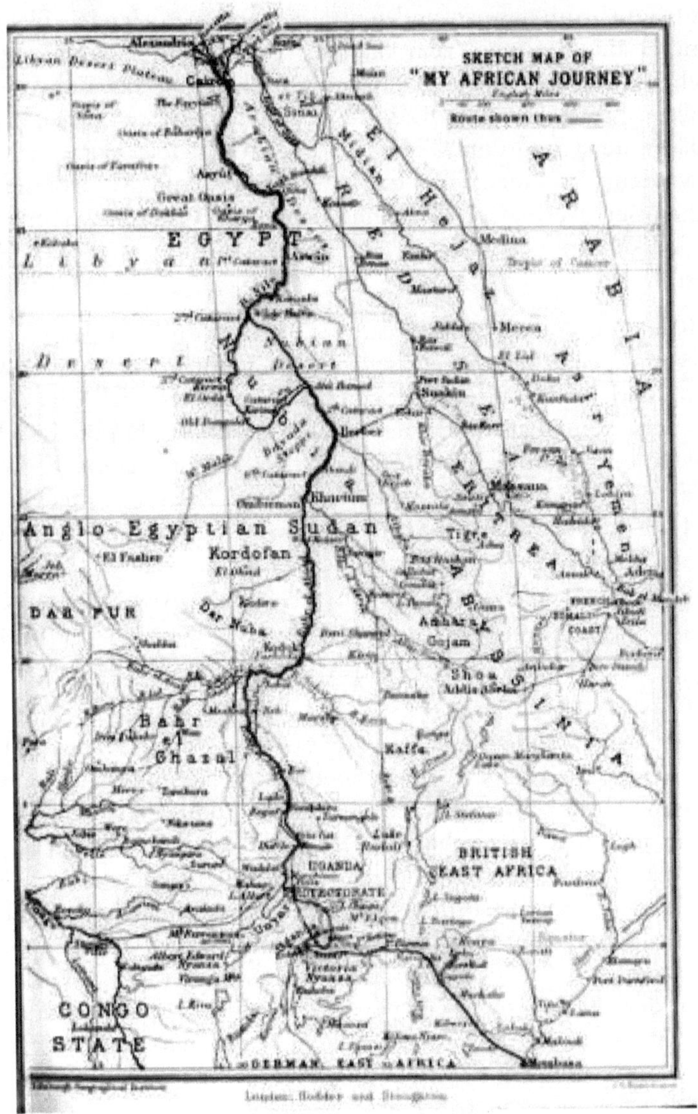

KARTENSKIZZE VON „MEINE AFRIKANISCHE REISE"

Das Schiff folgt einem Kanal, der sich zwischen hohen Klippen windet, und findet einen sicheren Ankerplatz im Binnenland in vierzig Fuß tiefem Wasser, nur einen Steinwurf vom Ufer entfernt. Hier sind wir am Tor von Britisch-Ostafrika angekommen; und mehr noch, am Ausgang und Ausgang des gesamten Handels aller Länder, die den Victoria- und Albert-See und die Quellflüsse des Nils umrunden. Entlang des Piers, der jetzt in Kilindini, dem Hafen der Insel Mombasa, gebaut wird, muss auf jeden Fall noch viele Jahre lang der Hauptstrom des ost- und zentralafrikanischen Handels fließen. Was auch immer die Produkte sein mögen, die zivilisierte Regierungen und Unternehmen aus den riesigen Gebieten zwischen Süd-Abessinien und dem Tanganjikasee, zwischen dem Rudolf-See und dem Ruenzori-See, bis zu den Quellflüssen des Kongo im Westen und bis zur Lado-Enklave im Norden ziehen werden; Was auch immer die Bedürfnisse und Anforderungen der zahlreichen Bevölkerungsgruppen innerhalb dieser Grenzen sein mögen, der gesamte Verkehr muss entlang der unprätentiösen Anlegestelle von Kilindini passieren.

Denn Kilindini (oder Mombasa, wie ich es nennen darf) ist der Ausgangspunkt einer der romantischsten und schönsten Eisenbahnstrecken der Welt. Die beiden eisernen Schienenstränge, die sich zwischen den Hügeln und dem Laubwerk der Insel Mombasa hindurchschlängeln, unterbrechen ihre sanfte Monotonie erst, als sie innehalten, nachdem sie äquatoriale Wälder durchquert, sich über riesige Prärien erstreckt und fast bis zur Höhe der europäischen Schneegrenze hinaufgeklettert sind – und das nur für eine gewisse Zeit – an den Rändern des Großen Sees. Und so wird ein sicherer, schneller Weg geschaffen, auf dem der weiße Mann und alles, was er im Guten wie im Bösen mit sich bringt, ebenso leicht und sicher in das Herz Afrikas vordringen kann, wie er von London nach Wien reisen kann.

Das Leben der Uganda Railway war kurz und voller Wechselfälle. Das abenteuerliche Unterfangen einer liberalen Regierung wurde bald der gnadenlosen Kritik ihrer Eltern ausgesetzt und abgelehnt. Von der Konservativen Partei als geschätztes Findelkind adoptiert, wäre es aufgrund der Misswirtschaft in deren Händen beinahe untergegangen. Für den Bau wurden fast zehntausend Pfund pro Meile ausgegeben; und alle Parteien waren so begierig darauf, mit ihm und den damit verbundenen Kosten fertig zu werden, dass er, anstatt seinen richtigen und natürlichen Weg über das Plateau zu den tiefen Gewässern von Port Victoria zu verfolgen, nebenbei in den flachen Golf von Kavirondo stürzte, glücklicherweise bis jetzt. Es ist leicht, die administrativen Fehler und Fehleinschätzungen zu tadeln, und es ist unmöglich, sie nicht zu kritisieren, die eine brillante Konzeption getrübt und beinahe verunstaltet haben. Aber es ist noch einfacher, die Schwierigkeiten zu unterschätzen, in die unvermeidliche Unwissenheit und erstaunliche Bedingungen die Pioniere stürzten, wenn man in 48 Stunden Länder durchquert, die vor zehn Jahren die beschwerlichen Märsche vieler Wochen unmöglich gemacht hätten. Die britische Kunst des „Durchwurstelns" wird hier in einer ihrer schönsten Ausstellungen gezeigt. Durch alles – durch die Wälder, durch die Schluchten, durch Truppen plündernder Löwen, durch Hungersnot, durch Krieg, durch fünf Jahre erbitterter parlamentarischer Debatten – verwirrte und marschierte die

Eisenbahn; Und hier ist es endlich auf mehr oder weniger wirksame Weise am Ziel angelangt. Andere Nationen planen zentralafrikanische Eisenbahnen genauso leichtfertig, wie sie Marineprogramme festlegen; Aber hier ist eine Eisenbahn wie die britische Flotte „im Sein" – kein Papierplan oder luftiger Traum, sondern eine eiserne Tatsache, die sich durch den Dschungel und die Ebene bewegt und mit ihren Pfiffen die Stille der Nyanza erweckt und erschreckt die Stämme aus ihrer ursprünglichen Nacktheit mit „Americani"-Stückwaren *aus Lancashire* .

Lassen Sie uns also, ohne länger als nötig in Mombasa zu warten, um ihm alles Gute zu wünschen und die Fruchtbarkeit und Verheißung der Küstenregion zu bewundern, diese Eisenbahn vom Meer zum See hinauffahren. Und zunächst, was für eine Straße das ist! Alles ist in tadellosem Zustand. Die Gleise sind geglättet, von Unkraut befreit und mit Schotter bedeckt, als wäre es die London and North-Western. Jeder Telegrafenmast hat seine Nummer; jede Meile, jeder hundert Yard, jede Neigungsänderung hat ihre Markierung; nicht aus weichem Holz, um die Termiten zu füttern, sondern aus hartem, gut lackiertem Eisen. Durch ständige Arbeit wurden die Steigungen und Kurven des Gleises stetig verbessert, und der Zug – einer dieser bequemen, praktischen indischen Züge – rollt so gleichmäßig wie auf einer europäischen Strecke.

Es sollte auch nicht angenommen werden, dass dieser hohe Wartungsstandard durch die gegenwärtige Finanzlage der Linie nicht gerechtfertigt ist. Die Uganda Railway leistet bereits das, was innerhalb eines angemessenen Zeitraums nie von ihr erwartet wurde. Es zahlt sich aus. Es fängt an, einen Gewinn zu erwirtschaften – wenn auch einen kleinen Gewinn – aufgrund seiner Kapitalbelastung. Ursprünglich als politische Eisenbahnstrecke geplant, um Uganda zu erreichen und die britische Vorherrschaft am oberen Nil zu sichern, hat sie bereits einen kommerziellen Wert erreicht. Anstelle der jährlichen Defizite bei den Arbeitskosten, mit denen die kompetentesten Urteilsträger regelmäßig gerechnet hatten, gibt es bereits einen beträchtlichen Gewinn von fast achtzigtausend Pfund pro Jahr. Und dies ist nur der Anfang und ein unvollkommener Anfang; denn gegenwärtig ist die Linie nur ein Stamm, ohne ihre notwendigen Glieder und Zubringer, ohne ihren Tiefwasserkopf bei Kilindini, ohne ihre ganze Geschichte von Dampfern auf dem See; vor allem ohne seine natürliche und notwendige Erweiterung zum Albert Nyanza.

ÜBER DEN KUHFÄNGER.
(Mr. Currie, Mr. Marsh, Col. Wilson, Sir J. Hayes-Sadler, Mr.
Churchill.)

Wir können die Reise in vier Hauptabschnitte unterteilen: Dschungel, Ebenen, Berge und See, denn der See ist ein wesentlicher Teil der Eisenbahn und eine natürliche und kostengünstige Verlängerung ihrer Länge. Am frühen Morgen brechen wir also vom Bahnhof Mombasa auf und nehmen auf einem gewöhnlichen Gartensitz Platz, der am Kuhfänger der Lokomotive befestigt ist, von wo aus man das ganze Land überblicken kann. Eine Viertelstunde lang sind wir noch auf der Insel Mombasa, und dann überquert der Zug den dazwischenliegenden Kanal auf einer langen Eisenbrücke und wendet sich ernsthaft dem afrikanischen Kontinent zu. In diese riesigen Regionen schlängelt sich die Linie beharrlich auf einer steilen Steigung, und das Land entfaltet sich Bergrücken um Bergrücken und Tal um Tal, bis wir bald mit einem Abschiedsblick auf das Meer und die Kampfspitzen von Seiner Majestäts Schiff *Venus*, das seltsam zwischen den Palmen aufragt, vollständig umarmt und verschlungen werden. Den ganzen Tag fährt der Zug aufwärts und westwärts, durch zerklüftetes und welliges Gelände, das mit üppiger Vegetation bedeckt und übersät ist. Schöne Vögel und Schmetterlinge fliegen von Baum zu Baum und von Blume zu Blume. Tiefe, zerklüftete Schluchten, die von Hochwasserströmen gefüllt werden, öffnen sich weit unter uns durch Lichtungen aus Palmen und mit Schlingpflanzen bedeckten Bäumen. Hier und da, in Abständen, die von Jahr zu Jahr kürzer werden, gibt es Plantagen für Gummi, Fasern und Baumwolle, die Anfänge jener unerschöpflichen Vorräte, die eines Tages den noch unermesslichen Bedarf Europas an diesen unverzichtbaren Gütern decken werden. Alle paar Meilen gibt es kleine, schmucke Bahnhöfe mit ihren Wassertanks, Signalen, Fahrkartenschaltern und Blumenbeeten, die alle einem Muster entsprechen, hinter denen undurchdringliches Buschwerk liegt. Kurz gesagt, ein schmaler Faden wissenschaftlicher Zivilisation, Ordnung, Autorität und Anordnung, der sich durch das urzeitliche Chaos der Welt zieht.

Abends weht eine kühlere, frischere Luft. Die feuchten Küstengebiete mit ihren Herrlichkeiten und ihrem Fieber haben wir hinter uns gelassen. In einer Höhe von 4.000 Fuß beginnen wir, über den Äquator zu lachen. Der Dschungel wird zum Wald, nicht weniger üppig, aber deutlich anders im Charakter. Die Palme wird durch Olivenbäume ersetzt. Das ganze Land sieht freundlicher, vertrauter und nicht weniger fruchtbar aus. Nach der Makindu-Station hört der Wald auf. Der Reisende betritt eine Grasregion. Riesige Felder grüner Weiden, die zu dieser Jahreszeit durch das Warten auf den Regen verdorrt und weiß geworden sind, durchschnitten von Strömen und Wasserläufen, die dicht mit dunklen, tannenähnlichen Bäumen und ginsterähnlichem Gestrüpp bewaldet sind und durch kühne, aufragende Steilküsten und Bergrücken unterbrochen werden, bilden das neue Panorama. Und hier präsentiert sich das wunderbare und einzigartige Schauspiel, das die Uganda-Eisenbahn dem Europäer bietet. *Die Ebenen sind voller wilder Tiere.* Aus den Fenstern des Waggons kann man den ganzen zoologischen Garten bei seinem Treiben beobachten. Herden von Antilopen und Gazellen, Trupps von Zebras – manchmal vier- oder fünfhundert zusammen – sehen dem Zug mit gelassener Zuversicht zu, oder huschen hundert Meter weiter weg und drehen wieder um. Viele sind ganz nah am Gleis. Mit einem Fernglas kann man sehen, dass es überall dasselbe ist, und kann lange Reihen schwarzer Gnus und Herden roter Kongoni – der Kuhantilope Südafrikas – und wilde Strauße unterscheiden, die ruhig zu zweit oder zu dritt marschieren, sowie alle Arten kleiner Hirsche und Gazellen. Die Zebras kommen so nahe, dass man ihre Streifen mit bloßem Auge bewundern kann.

Wir sind in Simba angekommen, dem „Ort der Löwen", und es gibt keinen Grund, warum die Passagiere nicht eines oder sogar ein halbes Dutzend sehen sollten, wie sie über die Ebene stolzieren und von niederen Tieren respektvoll beobachtet werden. In der Tat war es in den frühen Tagen Brauch, anzuhalten und sich auf das königliche Ungeziefer zu stürzen, wenn man es traf, und auf viele Löwen, die triumphierend zum Tender zurückgetragen wurden, bevor die Wache, der Fahrer oder sonst jemand denken konnte von Fahrplänen oder dem Blocksystem oder anderen ungünstigen Einschränkungen eines Linienverkehrs. Weiter oben sahen wir in der Abenddämmerung, keine hundert Meter entfernt, ein Dutzend

Giraffen zwischen verstreuten Bäumen herumtollen, und in Nakuru gingen am helllichten Tag sechs gelbe Löwen gemächlich über die Schienen. Nur das Nashorn fehlt oder wird nur selten gesehen, und nachdem eines seiner Spezies seine Kräfte erfolglos an einer Maschine gemessen hatte, hat es sich mürrisch auf die Flussbetten und die ungestörten Einsamkeiten beschränkt, die in einer Entfernung von zwei oder drei Kilometern liegen Drei Meilen, überall verschlingt die Uganda-Eisenbahn.

Unser Wagen blieb drei Tage lang auf einem Abstellgleis am Bahnhof Simba stehen, damit wir die dortige Fauna genauer untersuchen konnten. Eine der besten und sicherlich einfachsten Möglichkeiten, in diesem Teil der Welt auf Wild zu schießen, besteht darin, sich einen Trolly zu nehmen und die Linie auf und ab zu rennen. Die Tiere sind so an die Durchfahrt von Zügen und Eingeborenen entlang der einen großen Straße gewöhnt, dass sie in der Regel kaum Notiz davon nehmen, es sei denn, der Zug oder die Straßenbahn hält an und sie werden sofort misstrauisch. Die Sportler sollten daher aussteigen, ohne dass das Fahrzeug oder der Rest der Gruppe auch nur für einen Moment anhält; und auf diese Weise wird er sich häufig innerhalb von zweihundertfünfzig oder dreihundert Yards von seiner Beute befinden, wobei das Ergebnis allein von seiner Geschicklichkeit oder mangelnden Geschicklichkeit im Umgang mit dem Gewehr abhängt.

Es gibt eine andere Methode, die wir am zweiten Tag in der Hoffnung ausprobierten, einen Wasserbock zu finden, und die besteht darin, zwischen den Bäumen und im Unterholz des Flussbetts umherzustreifen. In wenigen Minuten kann man sich in einem der wildesten und ungezähmtesten Wälder vergraben. Die Luft wird still und heiß. Die Sonne scheint im Nu ihr gerechtes Vorrecht geltend zu machen. Die Hitze glitzert über den offenen Flächen aus trockenem Sand und den Wasserpfützen. Hohes Gras, enorme Felsblöcke, verworrene Vegetation und Scharen von Dornbüschen versperren den Vormarsch, und der Boden selbst ist vom Regen in die seltsamsten Formationen zerfurcht und zerfurcht. Brusthoch, schulterhoch und über einem erhebt sich der afrikanische Dschungel. Es herrscht eine brütende Stille, die nur vom Schrei eines Vogels oder dem schimpfenden Bellen der Paviane und dem Knirschen der eigenen Füße auf dem bröckelnden Boden unterbrochen wird. Wir betreten das Revier der wilden Tiere; ihre Spuren, die Überreste ihrer Mahlzeiten sind leicht und häufig zu entdecken. Hier ist seit dem Morgen ein Löwe vorbeigekommen. Dort war bestimmt innerhalb einer Stunde – vielleicht innerhalb von zehn Minuten – ein Nashorn. Wir schleichen und kraxeln ängstlich mit gespannten Gewehren durch die Wildpfade, ohne zu wissen, was jede Wendung oder jeder Schritt offenbaren könnte. Der Wind weht, wenn er überhaupt weht, stoßweise, mal von hier, mal von da; so dass man nie sicher sein kann, dass er den Eindringling in diesen düsteren Gegenden nicht dem Tier verrät, das er sucht, oder einem anderen, weniger willkommenen, bevor er ihn sieht. Endlich, nach zwei Stunden des Kraxelns und Scharrens, tauchen wir atemlos auf, wie aus einer anderen Welt, halb erstaunt, uns eine Viertelmeile von der Eisenbahnlinie entfernt zu befinden, mit ihrem Trolley, Mittagessen, Sodawasser, Eis usw.

DAS NASHORN BEI SIMBA.

Aber wenn man das Nashorn auf seinen offenen Weiden suchen möchte, muss man weiter weggehen; und dementsprechend machten wir uns am nächsten Morgen, während die Sterne noch leuchteten, auf den Weg, über die Bergrücken und Hügel zu stapfen, die die Eisenbahn versperrten, und weiter entfernte Ebenen und Täler dahinter zu überblicken. Das Gras wächst hoch aus dem Boden, der von Löchern durchzogen und mit Lavabrocken überhäuft ist, und es war schon heller Tag, als wir zu einem Felsvorsprung stolperten, der einen weiten Ausblick bot. Hier hielten wir an, um das Land mit Ferngläsern abzusuchen und die Zecken abzuwischen – abscheuliche Insekten, die in unzähligen Schwärmen alle Wildgebiete befallen und bereit sind, jedes Gift unter dem Vieh der Bauern zu verbreiten. Das Glas verriet nichts Bedeutendes. Zebras, Gnus und Kongoni waren in Trupps und Herden zu sehen, die nah und fern über die Ebenen verstreut waren, aber niemals ein Nashorn! Also stapften wir weiter, in der Absicht, einen weiten Kreis zu bilden. Eine Stunde lang fanden wir nichts, und dann, gerade als wir darüber nachdachten, nach Hause zurückzukehren, bevor die Sonne ihre volle Kraft entfalten würde, gingen drei wunderschöne Oryxantilopen, große, dunkel gefärbte Antilopen mit sehr langen, gewellten Hörnern, über die nächste Kuppe ihren Weg zum Wasser. Sofort machten wir uns auf die Suche, kauerten und schlichen das Tal entlang und hofften, sie am Bach abzufangen. Zwei kamen sicher vorbei, bevor wir unseren Punkt erreichen konnten. Als der Dritte uns sah, drehte er sich um und verschwand über dem Hügel, wo er eine Viertelstunde später verfolgt und verwundet wurde.

Es ist immer das verwundete Tier, das den Jäger ins Abenteuer führt. Bis die Beute getroffen ist, geht jeder vorsichtig, vermeidet die windzugewandte Seite unerforschter Verstecke, umgeht vorsichtig ein Schilfbett, bemerkt einen geeigneten Baum und schaut oft hierhin und dorthin. Aber sobald die Beute fast in Reichweite ist, kraxelt man ihr so schnell hinterher, wie die Beine einen tragen, und macht sich nie Gedanken über entferntere Eventualitäten, was auch immer sie sein mögen. Unsere Oryx führte uns eine Meile oder mehr über felsige Hänge, immer eine gute Schusschance versprechend und nie bietend, bis sie uns schließlich um die Schulter eines Hügels zog – und da war plötzlich das Nashorn. Der Eindruck war außergewöhnlich. Eine weite Ebene aus weißem, verdorrtem Gras erstreckte sich bis zu niedrigen, von Felsen durchbrochenen Hügeln. Das Nashorn stand in der Mitte dieser Ebene, etwa 500 Meter entfernt, in pechschwarzer Silhouette; überhaupt kein Tier des zwanzigsten Jahrhunderts, sondern ein seltsamer, grimmiger Nachzügler aus der Steinzeit. Er graste friedlich, und über ihm ragte die gewaltige Schneekuppel des Kilimandscharo in die klare Morgenluft und vervollständigte eine Szenerie, die sich seit Anbeginn der Welt nicht verändert hatte.

Die Art und Weise, ein Nashorn im Freien zu töten, ist im Grunde ganz einfach. Es wird normalerweise empfohlen, die Nähe eines guten Baumes, *sofern sich einer befindet* , als Ausgangspunkt für die Begegnung zu wählen. Wenn kein Baum in der Nähe ist, nähert man sich ihm von jeder Seite außer der windzugewandten so nah wie möglich und schießt ihm dann in den Kopf oder das Herz. Wenn man eine lebenswichtige Stelle trifft, was manchmal vorkommt, fällt es. Wenn man es irgendwo anders trifft, stürmt es blind und wütend in Ihre Richtung und Sie schießen erneut auf es, oder auch nicht, je nachdem.

All dies sorgfältig im Hinterkopf, machten wir uns auf den Weg zum Kampf gegen Behemoth. Wir waren etwa zweihundert Meter auf ihn zugerückt, als uns ein Schrei eines Eingeborenen festhielt. Wir blickten scharf nach rechts. Dort, keine hundertfünfzig Schritte entfernt, standen im Schatten einiger kleiner Bäume zwei weitere Monster. Mit ein paar weiteren Schritten hätten wir ihren Wind verderben und sie mit einem Ansturm hochbringen sollen; Und nehmen wir einmal an, dass dies geschehen wäre, als wir uns vielleicht bereits mit unserem ersten Freund abgefunden hatten und ihn verwundet und wütend an unseren Händen hatten! Glücklicherweise wurde er rechtzeitig gewarnt, und es dauerte nur wenige Minuten, bis er sich wieder auf die Hügelkuppe begab, seinen Kamm umging und hundertzwanzig Meter von diesem neuen Ziel entfernt wieder herauskam. Wir einigen uns schnell darauf, zuerst einen zu töten, bevor wir den anderen berühren. Aus einer solchen Entfernung ist es leicht, ein so großes Ziel zu treffen; aber der Volltreffer ist klein. Ich habe geschossen. Der Aufprall einer Kugel, die mit einer Wucht von anderthalb Tonnen einschlug und mit der abscheulichen Energie von Kordit Haut, Muskeln und Knochen durchbohrte, war deutlich zu hören. Das große Nashorn fuhr auf, stolperte, drehte sich direkt auf das Geräusch und den Schlag zu und stürzte sich dann in einem seltsamen Trab, fast so schnell wie der Galopp eines Pferdes, direkt auf uns zu, mit einer Aktivität, die bei einem so riesigen Tier überraschend und unverkennbar instinktiv war Zweck.

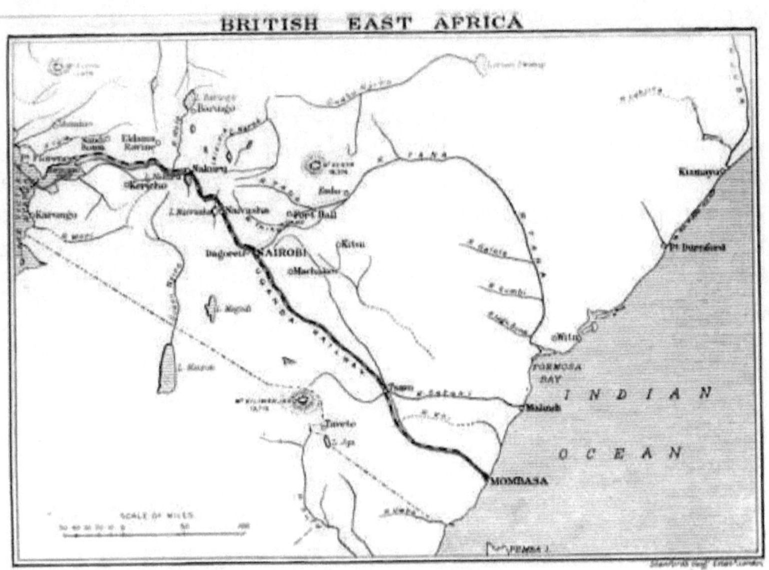

BRITISCH-OSTAFRIKA
Stanfords Geog r *. Estab* t *. London.*

Groß ist die moralische Wirkung eines Feindes, der vorrückt. Alle haben geschossen. Dennoch trat das schwerfällige Tier vor, als wäre er unverwundbar; als wäre er eine Maschine oder ein großer Dampfkahn, undurchdringlich für Kugeln, unempfindlich gegen Schmerz oder Angst. Noch 30 Sekunden und er wird schließen. Ein nicht greifbarer Vorhang scheint sich im Kopf aufzurollen und enthüllt ein seltsam beleuchtetes und doch sehr stilles geistiges Bild, in dem Gegenstände neue Werte haben und ein Fleck weißen Grases im Vordergrund, vier oder fünf Meter entfernt, zu besitzen scheint erstaunliche Bedeutung. Dort müssen die letzten beiden Schüsse abgefeuert werden, die noch übrig sind, bevor die Ressourcen der Zivilisation erschöpft sind. Es ist Zeit, mit einiger Distanz darüber nachzudenken, dass wir schließlich die Angreifer waren; Wir sind es, die den Konflikt durch einen unprovozierten Angriff mit mörderischer Absicht auf einen friedlichen Pflanzenfresser erzwungen haben; dass, wenn es so etwas wie richtig und falsch zwischen Mensch und Tier gibt – und wer kann sagen, dass es das nicht gibt? –, das Recht eindeutig auf seiner Seite ist; Dafür ist noch Zeit, bevor ich bemerke, dass er, benommen und benommen von den schrecklichen Erschütterungen moderner Schusswaffen, scharf nach rechts ausweicht und sich nun mit der Breitseite nach vorne im gleichen schnellen Trab über unsere Front bewegt. Noch mehr Schüsse, und als ich nachlade, sagt jemand, er sei am Boden, und ich schieße stattdessen auf seinen kleineren Begleiter, der bereits in einiger Entfernung auf der Ebene steht. Aber eine Nashornjagd gleicht der anderen, außer in ihren Einzelheiten, und ich werde den Leser nicht mit der Beschreibung dieser neuen Jagd und ihres Todes beschäftigen. Es genügt zu sagen, dass mir eine solche Begegnung in allen Elementen neurotischer Erfahrung völlig gleichwertig zu sein scheint wie ein halbstündiges lebhaftes Gefecht auf sechs- oder siebenhundert Meter Entfernung – und mit einem wichtigen Zusatz. Im Krieg gibt es einen Grund, es gibt eine Pflicht, es gibt die Hoffnung auf Ruhm, denn wer kann schon sagen, was nicht vor Einbruch der Dunkelheit gewonnen werden kann? Aber hier am Ende ist nur ein Fell, ein Horn und ein Kadaver, über den die Geier bereits zu kreisen begonnen haben.

KAPITEL II

RUND UM MOUNT KENYA

Die Stadt Nairobi, die Hauptstadt des Ostafrikanischen Protektorats, liegt am Fuße bewaldeter Hügel an der 327. Meile der Eisenbahnstrecke. Ursprünglich als geeigneter Ort für die Ansammlung der umfangreichen Depots und Geschäfte, die für den Bau und die Instandhaltung der Eisenbahn erforderlich sind, ausgewählt, genießt es als Wohnstandort keine Vorteile. Der Boden, auf dem die Stadt gebaut ist, ist niedrig und sumpfig. Die Wasserversorgung ist gleichgültig und die Situation insgesamt ungesund. Eine Meile weiter, auf dem ansteigenden Gelände, hätte jedoch eine schönere Lage gefunden werden können, und dieses Viertel ist bereits spärlich von Regierungsgebäuden, Krankenhäusern und Kasernen besetzt. Es ist jetzt zu spät, sich zu ändern, und so hinterlässt der Mangel an Weitsicht und einer umfassenden Sichtweise bleibende Spuren im Antlitz eines neuen Landes.

Unser Zug durchquert die Athi-Ebene, die vielleicht stärker von Wild bevölkert ist als jeder andere Teil der Strecke, und nähert sich schnell den langen Reihen einstöckiger Blechhäuser, aus denen die Stadt besteht. Nairobi ist ein typisches südafrikanisches Township. Es könnte Pietermaritzburg oder Ladysmith von vor zwanzig Jahren sein, bevor blaue Eukalyptusbäume und Steingebäude wuchsen und sich vermehrten. In seinem gegenwärtigen Zustand ähnelt es Bulwayyo vielleicht am meisten. Auch die Bevölkerung ist in ihrem Charakter und ihren Proportionen südafrikanisch. Es gibt fünfhundertachtzig Weiße, dreitausendeinhundert Inder und zehntausendfünfhundertfünfzig afrikanische Ureinwohner. Die Geschäfte und Läden sind jedoch viel umfangreicher, als diese Zahlen vermuten lassen, und sind durchaus in der Lage, die vielfältigen Bedürfnisse der Siedler und Pflanzer in einem weiten Gebiet zu decken. Nairobi ist außerdem das Hauptquartier einer Brigade der King's African Rifles, die Zentrale und das Depot der Uganda Railway sowie der Sitz der Verwaltung mit ihrem zahlreichen *Beamtenpersonal*. Das Abendessen der Kolonistenvereinigung, zu dem ich eingeladen war, bot das bekannte, aber in Zentralafrika nicht unscheinbare Spektakel langer Reihen von Herren in Abendkleidung; während der Ball, den der Gouverneur zur Feier des Geburtstags des Königs veranstaltete, eine Gruppe fröhlicher Uniformen und Damen in hübschen Kleidern offenbarte, die sich an einem Ort versammelten, wo kaum zehn Jahre zuvor Löwen ungestört jagten.

EHRENGARDE, KING'S AFRICAN RIFLES.

Jeder Weiße in Nairobi ist ein Politiker, und die meisten von ihnen sind Parteiführer. Man würde es kaum für möglich halten, dass ein so neues Zentrum so viele unterschiedliche und widerstreitende Interessen entwickeln kann oder dass eine so kleine Gemeinschaft in der Lage ist, jedem dieser Interessen so energisch und sogar heftig Ausdruck zu verleihen. Es gibt bereits im Kleinen alle Elemente scharfer politischer und rassischer Zwietracht, alle Materialien für hitzige und erbitterte Debatten. Der Weiße *gegen* den Schwarzen; der Indianer *gegen* beide; der Siedler gegen den Pflanzer; die Stadt im Gegensatz zum Land; die offizielle Klasse gegen die inoffizielle; die Küste und das Hochland; die Eisenbahnverwaltung und das Protektorat im Allgemeinen; die King's African Rifles und die East Africa Protectorate Police; all diese verschiedenen Standpunkte, die natürlich entstanden, ehrlich angenommen, hartnäckig vertreten und noch nicht in ein harmonisches Gesamtkonzept eingepasst wurden, stehen dem Besucher in verwirrender Unordnung gegenüber. Und er wäre auch nicht klug, seine Seite in Eile zu wählen. Es ist besser, sich zunächst ein Bild von dem Land zu machen, von seiner Qualität und seiner Ausdehnung, von seinen Versprechen und Opfern, von seinen Realitäten und Illusionen, bevor man versucht, sich auch nur eine vorläufige Meinung zu bilden.

Der schneebedeckte Gipfel des Mount Kenya, hundert Meilen entfernt, kann an einem klaren Morgen von den Hängen über Nairobi aus leicht gesehen werden – ein scharfer, gezackter Gipfel mit strahlend weißem Ader. Eine Straße – befahrbar, wenn auch unbefestigt, für Wagen und sogar ein Auto – führt dorthin, vorbei an Fort Hall und über den Tana-Fluss. Unterwegs gibt es viel zu sehen. Eine wilde, zerklüftete, aber fruchtbare Region, die sich zu aufeinanderfolgenden Wellen anschwillt und von zahlreichen Schluchten durchzogen ist, deren Bäche von schönen Bäumen beschattet werden, offenbart sich dem Auge. Verstreut auf weitläufigen Ländereien mit einer Fläche von vielen tausend Hektar leben ein oder zwei Kolonisten, von denen sich jeder nach und nach auf seine Weise ein Zuhause und einen Lebensunterhalt schafft. Man erhöht den Bestand; Ein anderer pflanzt Kaffee an, der auf diesem großzügigen Boden so üppig wächst, dass die Pflanze schnell erschöpft zu sein droht. Hier stehen Strauße, Schafe und Rinder friedlich zusammen in einer Herde unter der Obhut eines einheimischen elfjährigen Kindes. Es gibt einen kompletten Milchviehbetrieb, der hervorragend ausgestattet ist. Einer der Bäche wurde effektiv aufgestaut und Turbinen sind bereits in Position, um Nairobi mit Strom zu versorgen. An den Ufern eines anderen ist der Bau eines Hotels im Gespräch.

PANNE AUF DEM WEG ZUM THIKA CAMP.

An einem Ort traf ich eine Familie guter Leute aus Hightown, Manchester, die sich tapfer mit einem riesigen Gebiet von zehntausend Morgen auseinandersetzte. Ganz in der Nähe sitzt ein alter Bur, der Afrika durchquert hat, um der britischen Flagge zu entgehen, stur rauchend neben seinem Grashaus und hat sich schließlich mit der britischen Herrschaft abgefunden, nachdem er in einem benachbarten Protektorat einige Monate lang die väterliche Regierung erlebt hatte. Er besitzt wenig Vieh und noch weniger Bargeld, aber er hat entschiedene Ansichten darüber, wo die Löwen bleiben; außerdem steht dort der schwere, schräge Wagen des Großen Trecks – eine Arche der Zuflucht, wenn alles andere versagt; und ansonsten gibt es reichlich Wild, nur wenige Menschen, und die Familie wächst von Jahr zu Jahr. Kurz gesagt, man sieht eine spärliche, heterogene Bevölkerung, die mit verschiedenen Arbeiten beschäftigt ist; aber überall harte Arbeit, knappe Mittel, Hoffnungen, die trotz vieler Enttäuschungen bestehen bleiben, tapfere, gastfreundliche Herzen und zumindest die Anfänge des Fortschritts.

An einem sehr schönen Ort am Zusammenfluss der Flüsse Chania und Thika wurde ein Lager für mich vorbereitet. Auf einer glatten Wiese werden Zelte aufgeschlagen und Grasunterstände errichtet. Etwa hundert Meter entfernt im Süden stürzt ein schöner Wasserfall über riesige Felsbrocken inmitten hoher, ineinander verschlungener Bäume hinab. Das gedämpfte Brüllen eines anderen erklingt aus einer tiefen Schlucht in gleicher Entfernung im Norden; und der Philister rechnet stirnrunzelnd mit viertausend Pferdestärken, die er für das Malerische aufwendet.

Nichts bereitet dem ostafrikanischen Kolonisten größere Sorgen als die Tatsache, dass seinem Gast kein Löwe zur Verfügung gestellt wurde. Diese Erkenntnis nagt an seinem Verstand, bis sie zu einer wahren Besessenheit wird. Er hat das Gefühl, dass seine Gastfreundschaft und der Ruf seines Wahllandes schwer geschädigt werden. Wie man einen Löwen findet und, wenn man ihn gefunden hat, tötet, ist das unveränderliche Gesprächsthema; und jeder Ort und jede Reise wird nach einem einfachen Maßstab beurteilt: „Löwen oder keine Löwen". Im Thika-Lager haben sich daher mehrere Herren, die in diesem wichtigen Sport versiert sind, mit Ponys, Gewehren, Somalis und allem anderen Zubehör zusammengefunden. Einige Zebras und Kongoni wurden getötet und an vielversprechenden Stellen liegen gelassen, um die Löwen anzulocken; und um 4 Uhr morgens, bei Regen oder Sonnenschein, sollen wir losgehen und nach ihnen suchen.

JAGDGESELLSCHAFT IM THIKA CAMP.
Von links nach rechts: Captain Sadler, Major Riddell, Mr. Marsh,

Marquis Gandolfi-Hornyold, Hon. K. Dundas, Mr. Percival, Mr. Churchill, Mr. DJ Wilson.

Der junge Engländer, sei er nun Offizier oder Siedler im ostafrikanischen Hochland, macht einen robusten Eindruck. Seine Kleidung ist spärlich: ein Sonnenhut, ein braunes Flanellhemd mit Ärmeln, die über dem Ellbogen abgeschnitten und bis zur Brust offen sind, ein Paar dünne, *mindestens fünf Zoll* über dem Knie abgeschnittene Khaki-Knickerbocker, Stiefel und ein Paar Kitts bilden die gesamte Kleidung. Sonst trägt er nichts. Die Haut, die der Sonne, Dornen und Insekten ausgesetzt ist, wird fast so dunkel wie die der Eingeborenen und so hart, dass es kein Problem ist, den ganzen Tag mit nackten Knien im Sattel zu reiten; eine wahrhaft spartanische Disziplin, von der zumindest der Besucher verschont bleiben kann.

So jagen sie Löwen. Zuerst muss man den Löwen finden, der zu einer Beute gelockt, aus einem Schilfbett vertrieben oder unterwegs wild aufgescheucht wurde. Hat man ihn einmal erspäht, darf man ihn keinen Augenblick aus den Augen verlieren. Auf Ponys von mehr oder weniger bewährter Treue reiten drei oder vier wagemutige Briten oder Somalis hinter ihm her, so wie sie in Indien auf dem Schwein reiten – das heißt, mit Hals oder nichts – über Felsen, Löcher, Büschel, Nullahs, durch hohes Gras, Dornbüsche und Unterholz, wobei sie ihn wenden, hüten und ihn hierhin und dorthin treiben, bis er in die Enge getrieben ist. Der Löwe seinerseits ist nicht auf Streit aus; er wird oft mit verächtlichem Ton beschrieben. Sein Ziel ist es immer, seine Haut zu retten. Wenn man unbewaffnet unerwartet sechs oder sieben Löwen begegnet, braucht man sie nur streng anzusprechen, und sie werden sich davonschleichen, während man ein paar Steine nach ihnen wirft, um sie anzutreiben. Alle höchsten Autoritäten empfehlen dies.

Aber wenn er von Ort zu Ort verfolgt und von den kreisenden Reitern hin und her gejagt wird, wird das von Natur aus sanftmütige Wesen des Löwen verbittert. Zuerst beginnt er, seine Feinde anzuknurren und anzubrüllen, um sie zu erschrecken und sie dazu zu bringen, ihn in Ruhe zu lassen. Dann stürmt er kleine, kurze Angriffe auf sie. Schließlich, wenn jeder Versuch friedlicher Überredung gescheitert ist, hält er abrupt an und bietet den Kampf an. Sobald er das getan hat, wird er nicht mehr davonlaufen. Er hat vor zu kämpfen, und zwar auf Leben und Tod. Er hat vor, nach Hause zu stürmen; und wenn ein Löwe, der von den Qualen einer Schusswunde rasend gemacht wurde, durch die lange und harte Verfolgung gequält wurde, oder vor allem eine Löwin, die ihre Jungen verteidigen muss, sich endgültig zum Angriff entschließt, ist der Tod die einzig mögliche Folge. Gebrochene Gliedmaßen, gebrochene Kiefer, ein von einem Ende zum anderen zerfetzter Körper, durchbohrte Lungen, zerrissene und hervortretende Eingeweide – nichts davon zählt. Der Löwe muss sofort und endgültig sterben, sonst geht der Mensch zugrunde, zerfleischt von septischen Klauen und stinkenden Zähnen, zerquetscht und zermalmt und zur Sicherheit anschließend vergiftet. Das sind die Gewohnheiten dieses feigen und bösartigen Tieres.

In der Phase, in der der Löwe entschlossen „gebellt" hat, wird der Jäger aus London normalerweise auf die Bühne gebracht. Wir können uns vorstellen, dass er den Reitern so schnell gefolgt ist, wie es ihm die Unebenheiten des Bodens, sein Mangel an Training und die Last eines schweren Gewehrs erlaubten. Er erreicht die Stelle, an der der Löwe in die Enge getrieben wird, auf die gleiche Weise, wie der Matador die Arena betritt. Die anderen stehen ehrerbietig zur Seite, bereit, ihm zu helfen oder den Löwen abzulenken. Tötet seine Kugel, ist er zweifellos zu Recht stolz. Trifft sie nur, greift der Löwe den nächsten Reiter an. Auf vierzig Meter ist der Angriff eines Löwen schneller als der Galopp eines Rennpferds. Die Reiter vermeiden es daher normalerweise, in dieser Entfernung zu warten. Aber manchmal tun sie es nicht; oder manchmal sieht der Löwe den Mann, der ihn erschossen hat; oder manchmal passieren alle möglichen Dinge, die gute Geschichten abgeben – im Nachhinein.

Nach dieser allgemeinen Beschreibung ist kein besonderes Beispiel erforderlich, und der Leser muss nicht enttäuscht sein, wenn er erfährt, dass unser Löwe durch den Bruch eines einzigen Glieds in der regulären Kette der Umstände seiner zweifellos sicheren Vernichtung entgangen ist. Er wurde bei der Tötung nicht gefunden. Sein Platz wurde von einer schmutzigen Hyäne eingenommen, und erst nachdem wir zwei Stunden lang mehr als drei Meilen Schilfgebiet gründlich durchkämmt hatten, sahen wir ihn – eine prächtige große gelbe Katze, die so groß wie ein Ochse aussah – davonspringen der gegenüberliegende Hügel. Unsere Reiter starteten wie Falken; aber leider! – wenn „leider!" ist das richtige Wort – ein tiefes und unüberwindbares Nullah intervenierte, was große Umwege und lange Verzögerungen erforderlich machte; so dass der Löwe außer Sichtweite aller Menschen verschwand und wir uns auf den langsamen und mühsamen Prozess beschränkten, ihm Fußabdruck für Fußabdruck durch wogendes Gras zu folgen, brusthoch, Stunde um Stunde, immer in der Erwartung, auf seinen Schwanz zu treten. und immer – enttäuscht!

DIE BANDA IM THIKA CAMP.

DER LÖWE VON COLONEL WILSON.

Am Nachmittag musste ich nach Fort Hall reiten, wo eine große Versammlung von Kikuyu-Häuptlingen und Tausenden ihrer Krieger und Frauen stattfinden sollte. Das Land ist weitgehend dasselbe wie das, das wir am Vortag durchquert hatten, aber grüner, ebener und angenehmer anzusehen. Fort Hall ist kein Fort im militärischen Sinne, sondern das Haus des Kommissars mit einem Graben darum, ein Gefängnis, ein paar Häuser und ein indischer Basar. Der Bahnhof ist nicht gerade gut gewählt, da er auf einem Hügel liegt, außerhalb der Reichweite jeder Eisenbahn – und trotzdem ungesund. Der ganze Ort war voll mit Einheimischen in ihrer aufwändigsten und kunstvollsten Nacktheit, die auf den Kriegstanz warteten.

Diese Zeremonie wurde am nächsten Morgen durchgeführt. Lange vor Tagesanbruch weckten Trommelschläge, Hörner und der Rhythmus lauten, jedoch nicht ganz unmelodischen Gesangs den müdesten Schläfer, und als um acht Uhr die *Indaba* begann, war der ganze Platz vor der Festung dicht an dicht mit nackten, bemalten, gefiederten und sich drehenden Menschen, die ständig hin und her wimmelten und sich von Zeit zu Zeit teilten, wenn bestimmte Häuptlinge mit ihren Gefolgsleuten vorrückten oder wenn Geschenke in Form von sich wehrenden Schafen und Stieren herbeigebracht wurden. In seiner Kriegskleidung ist der Kikuyu- und noch mehr der Massai-Krieger eine eindrucksvolle, wenn nicht eindrucksvolle Figur. Sein Haar und sein Körper sind mit der roten Erde seines Heimatlandes beschmiert, die durch Mischung mit dem schleimigen Saft der im Überfluss vorhandenen Rizinuspflanze zu einer Farbe verarbeitet wurde. Phantastische Kopfbedeckungen, manche aus Straußenfedern, andere aus Metall oder Leder; Arm- und Beinreifen aus gedrehtem Draht; Streifen aus weißem Lehm, über die rote Farbe gerieben; hier und da ein alter Topfhut oder ein anderes europäisches Kleidungsstück, das in unpassendem Kontrast zu Leopardenfellen und Stierhörnern steht; breite, bemalte Schilde aus Kuhhaut und Speere mit Klingen aus Weicheisen, die fast vier Fuß lang sind, vervollständigen ein groteskes und unanständiges Bild. Dennoch haben diese aktiven Gestalten – Bronzestatuen ohne ihren Firlefanz – eine glatte Anmut, die alle ihre eigenen Bemühungen, sich hässlich zu machen, zunichte macht. Die Häuptlinge jedoch schaffen es, sich in normale Kerle zu verwandeln. Jede alte, abgelegte Khakijacke oder zerfetzte Hose; jedes Stück einer wettergegerbten Uniform, ein zerschlissener Sonnenhelm mit einer Feder, die lahm in die Spitze gesteckt ist, ein zerfetzter Regenschirm genügen, um sie dazu zu bewegen, die Straußenfeder und den Kaross aus Leopardenfell aufzugeben. Unter ihren Kriegern in alter Ausrüstung wirken sie lächerlich und unbedeutend – eher wie die gewöhnlichste Art von einheimischen Straßenkehrern als wie die erblichen Herrscher eines mächtigen und zahlreichen Stammes.

Es ist zweifellos ein Vorteil, wenn der ostafrikanische Neger einen Sinn für zivilisierte Kleidung entwickelt. Auf keine nützlichere und unschuldigere Weise könnten seine Bedürfnisse vervielfacht und seine Wünsche geweckt werden, und durch diesen Prozess der Assimilation wird sein Leben allmählich komplizierter, abwechslungsreicher, weniger roh animalisch und er selbst wird auf eine höhere Ebene wirtschaftlicher Nützlichkeit gehoben. Aber es wäre sicher der Mühe wert, diese neue Antriebskraft in anmutige und angemessene Grenzen zu lenken und zu organisieren. Eine Regierung geht Risiken ein, wenn sie in den Bereich der Mode eindringt; aber wenn ein wahrer Abgrund von Wissen und Wissenschaft die Herrscher von den Beherrschten trennt, wenn die Autorität es mit einer einheimischen Rasse zu tun hat, die noch in ihrem ursprünglichen Elend versunken ist, ohne Religion, ohne Kleidung, ohne Moral, aber bereit und in der Lage ist, daraus hervorzugehen, können solche Risiken durchaus in Kauf genommen werden; und die Regierung könnte den Häuptlingen durchaus geeignete Gewänder für zeremonielle Anlässe vorschreiben oder zur Verfügung stellen und ihre Übernahme durch die gesamte Bevölkerung allmählich fördern und noch allmählicher durchsetzen.

Nach dem Tanz war vereinbart worden, dass ich bis zum Ufer des Tana-Flusses gehen sollte, um die Aussicht auf den Mount Kenya zu genießen, und dann vor Einbruch der Dunkelheit zum Thika-Lager zurückkehren sollte. Aber als sich uns das ganze herrliche Panorama des Trans-Tana-Landes öffnete, konnte ich mich nicht dazu durchringen, vor dem gelobten Land stehen zu bleiben; und nachdem ich die materiellen Sorgen um Mittagessen und Gepäck beiseite gelassen hatte, beschloss ich, nach Embo zu reiten, 28 Meilen von Fort Hall entfernt und unserem am weitesten fortgeschrittenen Posten in dieser Richtung. Wir überquerten den Tana mit einer Fähre, die unter dem Einfluss der Strömung an einem Seil entlangfährt. Die Ponys schwammen durch den tiefen, starken, sechzig Meter langen Strom turbulenten roten Wassers. Am anderen Ufer ist das Land in Qualität und Aussehen wirklich großartig. Im Mittelpunkt des Bildes steht immer der Mount Kenya; aber es gab noch nie einen Berg, der so wenig aus seiner Höhe machte. Es erhebt sich über lange, sanfte Hänge, die eher einer Erdwulst als einem Gipfel ähneln, aus einer riesigen Hochebene, und der Anstieg ist so allmählich, dass niemand es glauben würde, wenn nicht plötzlich ein schneebedeckter Fels auf dem Gipfel auftauchte es ist über achttausend Fuß hoch. Es ist sein allmählicher Aufstieg, der diesem edlen Berg einen so großen Wert verleiht; denn rund um seine enorme Basis und an seinen Hängen, die von Hunderten von Bächen klaren, immerwährenden Wassers durchflossen werden, wächst oder könnte in aufeinanderfolgenden konzentrischen Gürteln jede Art von Kulturpflanzen und Wäldern wachsen, die es auf der Welt gibt, vom Äquator bis zur Arktis Kreis. Die Landschaft ist großartig. An Schönheit, an Fruchtbarkeit, an Grün, an der Kühle der Luft, an der Fülle an fließendem Wasser, an seinem reichen roten Boden, an der Vielfalt seiner Vegetation übertrifft die Landschaft Kenias bei weitem alles, was ich jemals in Indien oder Indien gesehen habe Südafrika und fordert den Vergleich mit den fairsten Ländern Europas heraus. Als ich es mit einem frischen Blick aus Italien betrachtete, fühlte ich mich tatsächlich am stärksten an die oberen Täler des Po erinnert.

Wir fuhren den ganzen Tag durch dieses köstliche Land auf einer gut ausgebauten Landstraße, die glatt genug für ein Fahrrad war, außer dort, wo sie auf primitiven Brücken einen Bach nach dem anderen überquerte. Auf allen Seiten war der Boden bebaut und mit der Ernte einer großen und fleißigen Bevölkerung bedeckt. Es ist erst ein Jahr her, seit eine kleine Militärexpedition nicht ohne Blutvergießen eine regelmäßige Kontrolle über den Tana-Fluss hinweg etablierte. Dennoch sind die Stämme – nachdem ihre Kämpfe zwischen den Stämmen beendet wurden – so friedlich, dass weiße Offiziere frei durch ihre Dörfer reiten, ohne auch nur eine Pistole bei sich zu haben. Alle Eingeborenen, die man auf der Straße traf, waren mit Schwert und Speer bewaffnet, und alle grüßten uns wie üblich, während viele lächelnd auf uns zukamen und mir lange, feuchte, zart aussehende Hände zum Schütteln entgegenstreckten, bis ich genug davon hatte Es. Tatsächlich scheinen die einzigen Gefahren auf der Straße von den Büffeln auszugehen, die das Land befallen und den Reisenden nach Einbruch der Dunkelheit in echte Gefahr bringen. Aus diesem Grund und auch weil wir seit dem frühen Morgen nur noch eine Banane gegessen hatten , waren wir sehr froh, endlich auf der Spitze des nächsten Hügels die Gebäude von Embo zu sehen, gerade als die Sonne hinter dem Horizont versank.

Embo ist eine Modellstation, erst fünf Monate alt – ein kleines Haus mit drei Zimmern für den Bezirkskommissar, eines für den Militäroffizier, ein Büro und ein kleines Gefängnis, alles aus gut bearbeitetem Stein; zwei indische Läden aus Wellblech; und sieben oder acht lange Reihen von Bienenstockgrashütten für einhundertfünfzig Soldaten und Polizisten. Zwei junge weiße Offiziere – ein Zivilist und ein Soldat – präsidieren von diesem Autoritätszentrum fernab des Telegraphen den Frieden und die Ordnung in einem Gebiet von der Größe einer englischen Grafschaft und regeln das Verhalten und Schicksal von etwa 75.000 Menschen Eingeborene, die nie zuvor ein anderes Gesetz als Gewalt oder Terror gekannt oder anerkannt haben. Sie waren ungewöhnlich überrascht, als sie sahen, wie vier Reiter den Zickzackweg zu ihrer Behausung heraufkamen; aber ihr Erstaunen hinderte sie nicht an ihrer Gastfreundschaft, und wir wurden bald für unsere Reise und unser Fasten auf die vortrefflichste Weise belohnt.

Ich hatte gerade noch Zeit, um diese Station zu umrunden, bevor die Dunkelheit das Land überschwemmte und den mächtigen Berg und seine feuerbedeckten Wolkenkränze verdunkelte. Das Gefängnis bestand aus einem einzigen Raum, der vergittert und verriegelt war. Im Inneren war kein einziger Gefangener zu sehen. Ich erkundigte mich, wo sie seien, und mir wurden zwei kleine Gruppen gezeigt, die im Freien um Feuer herum saßen. Sie waren mit einer leichten Laufkette aneinander gekettet, und nach einem anstrengenden Tag voller verschiedener Arbeiten auf dem Bahnhof unterhielten sie sich friedlich, während sie kochten und ihr Abendessen aßen. Das Gefängnis war nur ihr Zufluchtsort für die Nacht – zweifellos primitive Arrangements, aber sind sie barbarischer als die abscheuliche, langwierige Präzision einer englischen Sträflingsanstalt?

Die afrikanischen Protektorate, die jetzt vom Kolonialamt verwaltet werden, bieten den Fähigkeiten einer ernsthaften und intelligenten Jugend seltenen Spielraum. Ein 25-jähriger Mann kann leicht einen großen Teil des Landes und eine zahlreiche Bevölkerung regieren. Die Regierung ist zu neu gegründet, als dass sie die stark zentralisierte und engmaschige – vielleicht zu engmaschige – Hierarchie und Kontrolle des indischen Systems entwickelt hätte. Es ist viel zu dürftig, um sich eine vollständige Verwaltung leisten zu können. Der Bezirkskommissar muss selbst urteilen und sich anhand seiner Handlungen beurteilen lassen. Sehr oft – denn Tropenkrankheiten machen viele Lücken in den Reihen, und Männer müssen oft nach England zurückkehren, um ihre Gesundheit zu verbessern – ist der Offizier überhaupt kein Bezirkskommissar, sondern ein Unteroffizier, der an seiner Stelle oder manchmal auch an jemandes Stelle handelt ein Jahr oder länger. Zu ihm kommen Tag für Tag die Einheimischen des Bezirks mit all ihren Sorgen, Streitigkeiten und Intrigen. Ihre wachsende Wertschätzung für die unparteiische Gerechtigkeit des Tribunals führt dazu, dass sie zunehmend alle möglichen Fälle vor das District Commissioner's Court bringen. Wenn sie krank sind, kommen sie und fragen nach Medikamenten. Wenn sie bei ihren Streitigkeiten verwundet werden, gehen sie zu dem weißen Mann, um sich die Wunden verbinden zu lassen. Krankheiten und Unfälle müssen ohne Fachkompetenz bekämpft werden. Gerichte und Formen der Legalität müssen ohne Anwälte aufrechterhalten werden. Steuern müssen durch persönlichen Einfluss erhoben werden. Der Frieden muss mit nur einem Schatten von Gewalt gewahrt bleiben.

All diese großartigen Möglichkeiten, hohe Dienste zu leisten, und viele andere, werden oft und täglich Männern in ihren Zwanzigern zugänglich gemacht – im Großen und Ganzen mit bewundernswerten Ergebnissen. Es war sehr erfreulich zu hören, mit welchem Verständnis und welcher Sympathie die Beamten des Ostafrikanischen Protektorats über ihre Arbeit sprechen und wie sie sich als Wächter der Interessen und Rechte der Ureinwohner gegenüber jenen betrachten, denen es nur um die Ausbeutung des Landes und seiner Menschen geht. Niemand kann auch nur für kurze Zeit unter den Kikuyu-Stämmen reisen, ohne diese unbeschwerten, gefügigen, wenn auch brutalen Kinder ins Herz zu schließen oder ohne das Gefühl zu haben, dass sie unterrichtet und aus ihrer gegenwärtigen Erniedrigung erzogen werden können. Allein in Ostafrika gibt es mehr als vier Millionen Ureinwohner. Ihre Fürsorge legt der britischen Regierung eine schwere und, wie ich glaube, unveräußerliche Verantwortung auf. Es wird ein schlimmer Tag für diese Ureinwohner sein, wenn ihr Schicksal der unparteiischen und erhabenen Verwaltung der Krone entzogen und dem wilden Eigeninteresse einer kleinen weißen Bevölkerung überlassen wird. Ein solches Ereignis ist zweifellos sehr unwahrscheinlich. Doch Spekulanten, Plantagenbesitzer und Siedler klopfen an die Tür. Es gibt viele Dinge, die getan werden müssen – gute, kluge, wissenschaftliche und zu Recht gewinnbringende. Wenn die Regierung nicht das Geld aufbringen kann, um die natürliche wirtschaftliche Stärke des Landes zu entwickeln, seine Kommunikationswege auszubauen und seine Industrie aufzubauen, kann sie dann mit irgendeinem Grund der Privatwirtschaft das Feld versperren? Kann sie den Zustrom einer weißen Bevölkerung verhindern? Sollte sie dies tun und für wie lange? Was wird geschehen, wenn es in Ostafrika dreißigtausend Weiße gibt, statt der etwa dreitausend, die derzeit so viel Aufsehen erregen? Vielleicht führt uns der Verlauf dieser Kapitel wieder zu diesen Fragen zurück. Ich bin sehr zweiflehaft, ob er Antworten darauf liefern wird.

Abends diskutieren wir über ein viel überschaubareres Thema. Der Bezirkskommissar von Embo wurde vom Obersten Gerichtshof des Protektorats angewiesen, ein Strafverfahren, das er einige Monate zuvor beigelegt hatte, wegen einer Informalität im Verfahrensbericht, die die

Aufmerksamkeit der Revisionsbehörde erregt hatte, erneut zu verhandeln. Es wird darauf hingewiesen, dass weder der Angeklagte noch seine Mitbürger die Bedeutung dieser Wiederholung eines Prozesses verstehen oder jemals verstehen können; dass sie verwirrt sind; dass ihr Vertrauen in ihren persönlichen Herrscher geschwächt werden könnte; dass endlose praktische Schwierigkeiten – zum Beispiel die Sammlung von Zeugen, die in entfernten Dörfern verstreut waren, und die Unruhe, die sie durch eine zweite Vorladung der seltsamen, mysteriösen Macht namens „Regierung" verursachten – aus einem Fehler resultieren, den nur ein Anwalt erkennen konnte , und die nur auf einem Blatt Papier erscheint. „Irgendjemand", sagt urig, sagt ein junger Zivilbeamter, der mit uns rübergeritten ist, „hat vergessen, ‚Bo!' zu sagen. am richtigen Platz." Ich frage nach der Natur des „Bo!" Es ist sicherlich erheblich. Im Prozessbericht wurde nicht erwähnt, dass dem Angeklagten Gelegenheit gegeben wurde, die feindseligen Zeugen ins Kreuzverhör zu nehmen. Obwohl dies tatsächlich geschehen ist, wird die Verhandlung daher als keine Verhandlung angesehen und erneut angeordnet.

Auch hier müssen die Nachteile abgewogen werden. Aber ohne hier zu untersuchen, ob eine einfache Freilassung nicht besser gewesen wäre als eine Wiederaufnahme des Verfahrens, stehe ich eindeutig auf der Seite des „Bo!". Es gibt kaum etwas Wichtigeres in der Regierung von Menschen als die genaue – ich würde sogar sagen, die pedantische – Einhaltung der regulären Formulare, nach denen die Schuld oder Unschuld von Angeklagten festgestellt wird. Diese Formulare sollen den Gefangenen nicht nur vor den Folgen ehrlicher Vergesslichkeit seiner Richter schützen, sondern auch vor systematischer Nachlässigkeit und möglicher Unterdrückung. Sobald man zulässt, dass sie locker ausgelegt werden, beginnt das gesamte System der zivilisierten Rechtsprechung zu bröckeln, und an seine Stelle wird allmählich eine grobschlächtige Praxis errichtet, deren Effizienz und Fairness vollständig vom Charakter und der Intelligenz des verantwortlichen Individuums abhängt. So notwendig es ist, sich bei der Kontrolle einheimischer Rassen mit dem niedrigsten Standard auf persönliche Autorität zu verlassen, so ist es nicht weniger notwendig, dieser Autorität klare Grenzen zu setzen und vor allem die einfachen Grundrechte der Angeklagten auf das, was wir zu Hause gewöhnlich ein „faires Verfahren" nennen, außerhalb ihres Geltungsbereichs zu stellen. Auch leidet der Verwalter in den Augen der Einheimischen nicht wirklich unter der Erscheinung einer höheren Autorität in seinem Bereich. Die Stammesangehörigen sehen, dass ihr Herrscher – für sie allmächtig, der Mann der Soldaten und der Polizei, der Strafe und Belohnung – selbst einer entfernten äußeren Macht gehorcht, und sie fragen sich, was diese geheimnisvolle Macht sein kann, und staunen vage über ihre Größe. Die Autorität wird durch die Andeutung immenser Reserven hinter und über dem unmittelbaren Herrscher gestärkt und nicht beeinträchtigt – so stark er auch sein mag. Aber in dieser wie in anderen Angelegenheiten ist es nicht notwendig, dass alle derselben Meinung sind; und selbst Anwälte sind nicht immer weise.

Auf unserer Heimfahrt am frühen Morgen kamen wir an einem Swahili-Dorf vorbei. Diese Mohammedaner sind tief in die östlichen Teile Afrikas eingedrungen und haben sich dort weithin etabliert. Bewaffnet mit einer höheren Religion und gestärkt durch arabisches Blut, behaupten sie sich ohne Schwierigkeiten auf einem weit höheren Niveau als die heidnischen Ureinwohner, unter denen sie leben. Ihre Sprache ist in diesem ganzen Teil der Welt zu einer Art *Verkehrssprache geworden*. Als Händler sind sie willkommen, als Kämpfer werden sie respektiert und als Zauberer werden sie von allen Stämmen gefürchtet. Ihr Khan hatte uns am Vortag mit Bananen versorgt und sich mehrfach dafür entschuldigt, dass er, was für uns unerwartet war, kein „europäisches Essen" hatte. Heute wurde das alles repariert. Die Männer des Dorfes, an der Zahl etwa fünfzig, gingen gemächlich auf uns zu, ihre langen weißen Kittel bildeten einen auffälligen Kontrast zu den nackten, bemalten Barbaren, die sie umgaben. Der Khan führte einen weißen Araberhengst mit bösartigem Temperament und dreifachem Gang voran, um mein müdes Pony zu ersetzen; Dann holte er Tee und eine vertraute Dose mit gemischten Keksen hervor, die er über Nacht mit Läufern besorgen sollte, damit seine Gastfreundschaft keinen Vorwurf erregte.

Während wir mit dem Khan aßen und verhandelten, erschien am Tatort ein berittener Kikuyu-Häuptling mit Stuhl, Regenschirm, Khaki-Helm und anderen Insignien, begleitet von etwa hundert Kriegern in voller Feder. Um ihren Respekt zu zeigen, begannen sie sofort mit ihrem Kriegstanz, und eine Viertelstunde später ließen wir sie zurück, wie sie immer noch mit zitternden Speeren und nickenden Federn zu ihrem monotonen Chor im Kreis kreisten und hin und her hüpften, während die weiß gekleideten Swahilis standen feierlich vorbei und verabschiedete uns in würdevoller Manier des Ostens. Ich dachte über die Kluft nach, die diese beiden Rassen voneinander trennt, und über die Jahrhunderte des Kampfes, die dieser Vormarsch gekostet hatte, und fragte mich, ob diese Kluft breiter und tiefer war als die, die den modernen Europäer von beiden trennt; aber ohne zu einer sicheren Schlussfolgerung zu gelangen.

Unsere Reise nach Embo war so schön gewesen, dass ich nicht geneigt war, mich nach abgelehnten Alternativen zu sehnen. Aber als wir, erschöpft von der fünfzig Meilen langen Straße, bei untergehender Sonne in das Thika-Lager fuhren, war das erste Schauspiel, das meine Augen begrüßte, ein auf dem Boden ausgebreitetes Löwenfell, und Colonel Wilson war damit beschäftigt, es mit Arsenpulver zu bestäuben. Dann wurde uns die

Geschichte erzählt, die kurz gesagt darin bestand, dass sie ein langes Schilfbeet umtrieben, als der Löwe heraussprang und schräg über die Reihe der Treiber rannte. Wilson feuerte und der Löwe sprang zurück ins Schilf, wo Steine, Feuer, Geschrei, Schüsse und alle anderen Störungen ihn nicht bewegen konnten. Daraufhin waren sie nach zwei Stunden voller Ungeduld und Wagemut Schulter an Schulter auf ihn losgegangen und hatten ihn glücklicherweise völlig tot vorgefunden.

Meine Freunde bemühten sich, mich mit der Nachricht zu trösten, dass inzwischen an zwei anderen Orten von Löwen gehört worden sei und dass wir sicher sein würden, am nächsten Morgen einen zu finden; Und am nächsten Tag, nachdem wir drei Meilen durch Schilf gefahren waren, schien es, dass ihre Hoffnungen begründet waren, denn man sah ein großes Tier, das sich schnell in der Deckung hin und her bewegte, und alle erklärten, dies müsse der Löwe sein. Schließlich blieb nur noch ein Stück Schilfrohr übrig, das es zu schlagen galt, und wir bezogen unsere Positionen, den Finger am Abzug, etwa sechzig Meter von der anderen Kante entfernt, während die Schläger mit Geschrei und dem Schlagen von Blechdosen einen erstaunlichen Tumult auslösten und stürzte sich kühn hinein. *Parturiunt montes* – heraus stürzten zwei riesige Warzenschweine. Niemand soll dem Schwein den Mut vorwerfen. Diese großen wilden Eber, die aus ihrem letzten Unterschlupf vertrieben wurden, stürmten in galantem Stil los – die Stoßzähne glänzend, die Schwänze senkrecht – und erlebten ein Schicksal, das einem König bereitet war. Mit diesen und einem anderen, den wir auf dem Heimweg heruntergaloppierten und mit der Pistole abfeuerten, musste ich mich zufrieden geben und kann jetzt, soweit es mich betrifft, traurigerweise mit den ausdrucksstarken Worten von Reuter schreiben: „Es wurden keine Löwen ‚erlegt'."

KAPITEL III

DAS HOCHLAND OSTAFRIKA

"Farbe" ist bereits die beherrschende Frage in Nairobi. "Wir wollen Ostafrika zu einem Land des weißen Mannes machen", ruft die Colonists' Association bei jeder Gelegenheit in schrillem Ton. Wahrlich eine respektable und beeindruckende Politik; aber eine, die auf den ersten Blick ziemlich schwer umzusetzen scheint in einem Land, in dem es bisher weniger als zweitausendfünfhundert Weiße und mehr als vier Millionen schwarze Ureinwohner gibt. Kann Ostafrika jemals ein Land des weißen Mannes werden? Können sogar die Highlands mit ihren kühlen und lebhaften Brisen und ihrem gemäßigten, unveränderlichen Klima ein Land des weißen Mannes werden? Niemals, sicherlich, in dem Sinne, dass Kanada oder auch das Vereinigte Königreich Länder des weißen Mannes sind - das heißt Länder, die ausschließlich von Weißen bewohnt werden und deren wirtschaftliche Grundlage weiße ungelernte Arbeitskräfte sind.

Es lohnt sich kaum, sich vorzustellen, dass die Hochebenen Ostafrikas ihrer einheimischen Bevölkerung beraubt und nur noch von Europäern bewohnt würden. Eine solche Vorstellung ist völlig unmöglich. Wie groß auch immer die Zunahme der weißen Bevölkerung in Zukunft sein mag, man kann mit Sicherheit sagen, dass sie durch die Vermehrung der Eingeborenen bei weitem mehr als ausgeglichen wird, da diese vor Hungersnöten geschützt und vor Bürgerkriegen bewahrt werden. Aber wäre eine solche Lösung möglich, so wäre sie fast das Letzte, was diejenigen, die lautstark nach einem „Land des weißen Mannes" rufen, auf der Welt wollen. Denn beachten Sie, dass die Vorurteile und Interessen der weißen Siedler oder Händler nicht gegen die schwarzen Ureinwohner gerichtet sind. Der Afrikaner, so wird zugestanden, ist willkommen, in seinem eigenen Land zu bleiben. Zwischen ihm und den Neuankömmlingen ist noch keine wirtschaftliche Konkurrenz entstanden oder wird es wahrscheinlich auch in Zukunft geben. Ihre Tätigkeitsbereiche liegen völlig getrennt, denn der weiße Mann weigert sich absolut, die Arbeit der Schwarzen zu verrichten; nicht wegen dieser harten Plackerei verbannt er sich aus dem Land seiner Geburt; Während der Eingeborene beim gegenwärtigen Entwicklungsstand nicht in der Lage wäre, den weißen Mann aus qualifizierten Tätigkeiten und der Aufsicht und Organisation der Industrie zu verdrängen – selbst wenn er es wollte – und nichts liegt ferner von seinen Ambitionen.

Der Rivale ist der braune Mann. Der Europäer hat weder den Wunsch noch die Macht, in Ländern wie Ostafrika ein weißes Proletariat aufzubauen. Seiner Ansicht nach sollten die Schwarzen die einfachen Soldaten der Armee sein, aber die Unteroffiziere und die Kommandeure müssen weiß sein. Dies sollte nicht als bloße Behauptung rassischer Arroganz abgetan werden. Es ist eine hartnäckige Tatsache. Es ist bereits ein schwerwiegender Mangel für eine Gemeinschaft, die auf der Handarbeit einer minderwertigen Rasse beruht, und viele Komplikationen und Gefahren ergeben sich daraus. Aber was ist mit der zweiten Etage? Wenn es irgendeine Art von weißer Gesellschaft geben soll, die Jahr für Jahr zusammenlebt und den Lebensstandard und Komfort bietet, den die Europäer allgemein anzustreben und größtenteils zu erreichen gewohnt sind, muss diese mittlere Stufe des Wirtschaftssystems dieser weißen Gesellschaft die Möglichkeit bieten, als Berufstätige, als Plantagenbesitzer, Kaufleute, Händler, Bauern, Bankiers, Aufseher, Bauunternehmer, Bauarbeiter, Ingenieure, Buchhalter, Angestellte – den Lebensunterhalt für sich und ihre Familien zu verdienen. Und hier schlägt der Asiate zu. In jeder einzelnen Beschäftigung dieser Klasse verleihen ihm seine Fähigkeit, mit ein paar Schilling im Monat auszukommen, sein Fleiß, seine Sparsamkeit und sein ausgeprägtes Geschäftsgeschick die wirtschaftliche Überlegenheit, und wenn wirtschaftliche Überlegenheit die endgültige Regel sein soll – was in der Weltgeschichte nie der Fall war und nie der Fall sein wird –, dann gibt es keine einzige Beschäftigung dieser Mittelklasse, aus der er den weißen Mann nicht zu einem großen Teil vertreiben wird, so sicher und unerbittlich, wie die braune Ratte den schwarzen Mann auf britischem Boden ausgerottet hat.

Was bleibt dann noch übrig? Welche Art von sozialen Organisationen sollen wir mit so viel Überlegung und Arbeit in diesen neuen Ländern unter der britischen Krone aufbauen? Es gibt bereits keine weiße Arbeiterklasse. Es wird keine weiße Mittelschicht geben. Es bleibt nur Platz für den *reinen und einfachen Kapitalisten* – wenn man ihn so beschreiben darf. Eine riesige Armee afrikanischer Arbeiter, befehligt von gebildeten Indern oder Chinesen und geleitet von einigen wenigen Individuen verschiedener Nationalitäten, die kosmopolitisches Kapital einsetzen – das ist der Albtraum, der die weiße Bevölkerung Südafrikas heimsucht, und vor dem die weiße Bevölkerung Ostafrikas bereits jetzt heftig aufschreit.

Doch höre die andere Seite. Wie steht es um den Anspruch der Britisch-Indianer? Seine Rechte als Mensch und seine Rechte als britischer Staatsangehöriger sind gleichermaßen betroffen. Es waren die Sikh-Soldaten, die eine ehrenvolle Rolle bei der Eroberung und Befriedung dieser ostafrikanischen Länder spielten. Es ist der indische Händler, der mehr als jeder andere die frühen Anfänge des Handels entwickelt und die Welt erschlossen hat, indem er in alle möglichen Orte vordrang und sich dort behauptete, wohin kein Weißer gehen würde oder wo kein Weißer seinen Lebensunterhalt verdienen könnte erstes schlankes Kommunikationsmittel. Durch indische Arbeit wurde die einzige lebenswichtige Eisenbahn gebaut, von der alles andere abhängt. Es ist der indische Bankier, der vielleicht den größten Teil des Kapitals bereitstellt, das für Unternehmen und Unternehmungen noch zur Verfügung steht, und auf den die weißen Siedler ohne zu zögern zurückgegriffen haben, um finanzielle Unterstützung zu erhalten. Der Inder war lange vor dem ersten britischen Beamten hier. Er kann auf so viele Generationen nützlicher Industrie an der Küste und im Landesinneren verweisen, wie die weißen Siedler – insbesondere die jüngsten Kontingente aus Südafrika (die lautesten von allen gegen ihn) – Jahre ihres Aufenthalts zählen können. Ist es einer Regierung möglich, die den ehrlichen Umgang zwischen Mensch und Mensch auch nur ein wenig respektiert, eine Politik zu verfolgen, die den gebürtigen Inder absichtlich aus Regionen verdrängt, in denen er sich unter jeglicher Sicherheit des öffentlichen Glaubens niedergelassen hat? Vor allem müssen wir uns fragen: Ist eine solche Politik für die Regierung möglich, die über dreihundert Millionen unseres Indischen Reiches herrscht?

Wir sind mit einem jener scheinbar hoffnungslosen Interessengegensätze konfrontiert, die alle, die an ihrer Lösung beteiligt sind, verwirren und entmutigen. Und diese Fragen sind nicht auf Ostafrika oder Südafrika beschränkt. Eine ganze Reihe neuer Probleme ist entstanden und wird im Verlauf der unmittelbaren Geschichte des Britischen Empires immer schwerwiegender und größer werden. Sie erheben sich auf einem Gebiet, das fast völlig unerforscht ist und nur durch die Vorurteile bekannt ist, die in jeder Hinsicht Bewegung und Sicht behindern. Der Eintritt der Asiaten als Arbeiter, Händler und Kapitalisten in den Wettbewerb in Industrie und Unternehmen nicht nur *mit* , sondern auch *in* der westlichen Welt ist eine neue Tatsache von höchster Bedeutung. Billige, schnelle, einfache Kommunikationsmittel, die Schaffung von Frieden und Ordnung zu Land und zu Wasser, die immer stärker werdende gegenseitige Abhängigkeit aller Menschen und aller Länder voneinander haben dem asiatischen Handelseifer Flügel verliehen und die asiatische Handarbeit flüssiger gemacht, als sie es seit Anbeginn der Dinge jemals war.

Wenn diese neuen Elemente im Wirtschaftsleben der Menschheit nicht wissenschaftlich und harmonisch kontrolliert und assimiliert werden können, drohen große und neuartige Gefahren sowohl den Asiaten als auch den Europäern, die er verdrängt. Auf der einen Seite sehen wir die mögliche Ausbeutung riesiger Massen asiatischer Arbeitskräfte unter verschiedenen ungesunden Bedingungen, zum moralischen Schaden des Arbeitgebers und zur Erniedrigung und zum Leiden der Beschäftigten; auf der anderen Seite den Sturz des Lebensstandards, der unter den Europäern mühsam erreicht oder lange hartnäckig erkämpft wurde. Darüber hinaus müssen wir die Verwirrung des Blutes, der Sitten und der Moral vorhersehen, die, wenn sie in größerem Maßstab auftritt, fast zum Zerfall der bestehenden

Gesellschaftsordnung führt. Und dahinter – sehr dicht dahinter – stehen die Appelle an die Gewalt durch Mobs oder Imperien, um auf brutale Weise die brutale Frage zu entscheiden, welches von zwei unvereinbaren Interessensgruppen obsiegen soll. Es ist nicht leicht zu ermessen, welches Ausmaß an politischer Instabilität in die internationalen Beziehungen gelangt, wenn die Untertanen eines mächtigen Militär- und Marinestaates fortwährend Strafgesetzen und offener Gewalt ausgesetzt sind, und in das Privatleben, wenn der weiße Handwerker aufgefordert wird, seine eigene Ausrottung aufgrund von Gesetzen, über die er selbst Kontrolle hat, durch einen Konkurrenten zu dulden, den er, wie er glaubt, mit eigenen Händen niederschlagen könnte.

Doch der Asiate, und hier schließe ich auch den afrikanischen Eingeborenen ein, hat ungeheure Dienste zu leisten und mit seinen Kräften zum Glück und zum materiellen Fortschritt der Welt beizutragen. Es gibt weite Länder, deren Versprechen niemals erfüllt werden können, es gibt zahllose Ernten, die ohne seine aktive Mitarbeit niemals eingefahren werden können. Es gibt Straßen, Eisenbahnen und Stauseen, die nur er bauen kann. Es gibt Bergwerke und Wälder, die ohne seine Hilfe für immer schlummern würden. Der gewaltige Kontinent des tropischen Afrikas steht den Kolonisierungs- und Organisationsfähigkeiten des Ostens offen. Alle diese neuen Produkte, die die moderne Industrie hartnäckig verlangt, werden dem Westen in maßloser Fülle angeboten – wenn wir nur das Rätsel der Sphinx in seiner neuesten Form lösen könnten.

Und ist es letztlich außerhalb unserer Reichweite, wenn nicht eine perfekte, so doch zumindest eine praktische Antwort zu geben? Beim gegenwärtigen Stand des politischen Wissens und der sozialen Organisation sollte es keine unüberwindliche Schwierigkeit sein, den externen Aktivitäten verschiedener Rassen unterschiedliche Sphären zuzuweisen. Die Großmächte haben Afrika territorial aufgeteilt; ist es jenseits menschlicher Vorstellungskraft, es auch wirtschaftlich aufzuteilen? Für die Kultivierung eines so edlen Standes ist die Zusammenarbeit vieler verschiedener Menschentypen erforderlich. Ist es unmöglich, die Bedingungen, unter denen diese Zusammenarbeit stattfinden soll, vollständig und bis ins kleinste Detail zu regeln? Hier können Weiße leben und gedeihen, dort nicht. Hier ist eine Aufgabe für den einen, dort die Gelegenheit für den anderen. Die Welt ist groß genug. [Ich schreibe, während mich der Strom des Nils zwischen den riesigen Weiten des schönen, fruchtbaren, unbewohnten Landes nördlich des Albertsees trägt.] Es gibt genug Platz für alle. Warum können wir das nicht gerecht regeln?

Es muss darauf hingewiesen werden, dass sich die Frage der asiatischen Einwanderung aus imperialer Sicht in mehreren, ganz unterschiedlichen Formen darstellt. Zunächst einmal gibt es Kolonien, die auf einem weißen Proletariat basieren und deren Einwohner, ob reich oder arm, ob

Arbeitgeber oder Arbeitnehmer, allesamt Europäer sind. Das Recht solcher Kolonien, die Einreise großer Zahlen von Asiaten zu verbieten und sich vor dem Rassenchaos und den wirtschaftlichen Unruhen zu schützen, die untrennbar mit einer solchen Einwanderung verbunden sind, kann nicht geleugnet werden, obwohl die Ausübung dieses Rechts zweifellos von verschiedenen umsichtigen und anderen Erwägungen bestimmt sein sollte. Aber diese Kolonien unterscheiden sich deutlich von jenen, deren Bevölkerungsmasse nicht weiß, sondern schwarz ist. Außerdem gibt es Kolonien, die eine verantwortliche Regierung haben und in denen die Zahl der weißen Mittelklassebewohner die der asiatischen Bevölkerung bei weitem übersteigt. Es ist offensichtlich, dass diese Kolonien in einer völlig anderen Lage sind als Orte wie die tropischen Protektorate Ost- und Westafrikas.

Man könnte sogar behaupten, dass die Tatsache, dass den Eingeborenen Britisch-Indiens zweifellos, ob klug oder unklug, richtig oder falsch, der Zugang zu mehreren südafrikanischen und allen australischen Kolonien in großer Zahl von den jeweiligen Regierungen verweigert wird, es umso wünschenswerter macht, dass die kaiserliche Regierung in den tropischen Protektoraten dem Unternehmungsgeist und der Kolonisierungsfähigkeit Hindustans Raum und Spielraum gewährt. Und wie ich bereits geschrieben habe, sind diese Länder groß genug für alle. Es gibt keinen Grund, warum jene Hochlandgebiete, die dem weißen Mann ein Zuhause und eine Karriere versprechen und wo er allein in Komfort leben kann, nicht aus praktischen Verwaltungsgründen im Wesentlichen für ihn reserviert werden sollten. Und andererseits auch, warum der Asiate, wenn er den afrikanischen Eingeborenen nur keine bösen Wege lehrt – eine Möglichkeit, die nicht vergessen werden darf – nicht ermutigt werden sollte, in den riesigen tropischen Fruchtbarkeitsregionen, an die er von Natur aus angepasst ist, Handel zu treiben und sich nach Belieben niederzulassen. Irgendwo in dieser Richtung - ich möchte hier nicht dogmatisch sein - dürfte der unmittelbare Weg einer vernünftigen Politik liegen, und wenn wir uns von den Erkenntnissen der Wissenschaft und der Toleranz leiten lassen, werden wir ihn vielleicht auch leicht finden.

Aber der Verlauf dieser Überlegungen hat mich viel weiter geführt, als die Politik von Nairobi es zu rechtfertigen scheint, und ich beeile mich, zu der Frage zurückzukehren, mit der ich begonnen habe: „Können die Hochländer Ostafrikas zu einem ‚Land des weißen Mannes' gemacht werden?" Lassen Sie uns dies anhand eines neuen Verfahrens untersuchen. Wenn man durch die Täler und über die weiten Hochebenen dieser Hochländer reitet oder marschiert, gestärkt von ihrer köstlichen Luft, der Musik ihrer Flüsse lauscht und das Auge an ihrem natürlichen Reichtum und ihrer Schönheit weidet, überkommt einen ein Gefühl der Verwirrung. Wie kommt es, dass sie nie die

Heimat einer überlegenen Rasse geworden sind, die wohlhabend, gesund und frei ist? Warum ist es, dass es, jetzt wo eine Eisenbahn die Tür geöffnet hat und so viel über sie veröffentlicht wurde, keinen einzigen reißenden Strom von Einwanderern aus den engen und unhygienischen Dschungel-Slums Europas gegeben hat? Warum können sich vor allem die, die gekommen sind – die Pioniere, die Männer voller Energie und Abenteuerlust, mit großen Ambitionen und starken Händen – in so vielen Fällen nur knapp über Wasser halten? Warum sind Klagen, Unzufriedenheit und Entmutigung in dieser begrenzten Klasse so weit verbreitet?

Ich habe immer ein Gefühl tiefster Dankbarkeit empfunden, nie einen Quadratmeter dieses perversen Guts namens „Land" besessen zu haben. Aber ich muss gestehen, dass ich, als ich zum ersten Mal in meinem Leben in das ostafrikanische Hochland reiste, gelernt habe, wie das Gefühl von Landhunger ist. Wir können den Wunsch unterdrücken, uns eines dieser schönen und weitläufigen Ländereien zu sichern, mit all den Belohnungen, die sie für Fleiß und Erfindungsreichtum unter freiem Himmel bieten, aber wir können uns ihm nicht entziehen. Und doch sind überall Menschen, die Tausende von fruchtbaren Äckern besitzen, mit Bergen, Flüssen und schattigen Bäumen, die sie für wenig oder nichts erworben haben, alle kämpfen, alle unruhig, nervös, nervös, viele enttäuscht, einige verzweifelt, einige zerschlagen.

Welche wahren Züge verbergen sich hinter dem Schleier grenzenloser Verheißung, der dieses Land umhüllt? Sind sie nicht von Spott geprägt? Ist das Auge, das Sie ansieht, nicht ebenso grimmig wie hell? „Als ich dieses Land zum ersten Mal sah", sagte mir ein Kolonist, „verliebte ich mich in es. Ich hatte das Beste von Australien gesehen. Ich hatte in Neuseeland Erfolg gehabt. Ich kannte Südafrika. Ich dachte, ich hätte endlich ‚Gottes eigenes Land' gefunden. Ich schrieb Briefe an alle meine Freunde und drängte sie, zu kommen. Ich schrieb eine Reihe von Zeitungsartikeln, in denen ich die Pracht der Landschaft und das hervorragende Klima lobte. Bevor der letzte dieser Artikel erschien, war mein Kapital fast aufgebraucht, meine Zäune waren von Zebraherden niedergetrampelt worden, mein importiertes Vieh war verendet, meine Eigentumsurkunden waren noch immer im Grundbuchamt blockiert und ich selbst wäre fast an einem bösartigen Fieber gestorben. Seitdem habe ich es anderen überlassen, die Herrlichkeiten Ostafrikas zu preisen."

Diese zweiten Gedanken neigen zweifellos ebenso sehr zu übertriebener Depression wie der erste Eindruck zu optimistisch war. Aber dass die ostafrikanische Medaille eine harte Kehrseite hat, ist eine Tatsache, die nicht bestritten werden kann und die weder im Interesse des Einwanderers noch des Landes verborgen werden sollte. Es ist noch immer völlig unbewiesen, dass ein Europäer sogar die Hochebenen Ostafrikas zu seiner dauerhaften

Heimat machen kann – das heißt, dass er dort ohne spürbare Degeneration fünfzehn oder zwanzig Jahre am Stück leben kann, ohne jemals in die gemäßigten Zonen zurückzukehren; noch weniger, dass er über mehrere Generationen hinweg Familien gründen und aufziehen kann. Die Erheiterung der Luft darf die Menschen nicht vergessen lassen, dass eine Höhe von 1.500 bis 2.400 Metern über dem Meeresspiegel eine ungewöhnliche Bedingung ist, die noch nicht festgestellte Auswirkungen auf das Nervensystem, das Gehirn und das Herz hat. Die Kühle kann niemals die Tatsache auslöschen, dass wir uns am Äquator befinden. Obwohl der Himmel mit seinen weißen Schäfchenwolken und den vorbeiziehenden Regenschauern so vertraut und freundlich aussieht, trifft der direkte Sonnenstrahl – der zu jeder Jahreszeit fast senkrecht steht – Mensch und Tier gleichermaßen, und wehe dem weißen Mann, den er ohne Kopfbedeckung vorfindet! Obwohl sich Schafe und Ochsen so schnell vermehren, obwohl ihre Kreuzung mit importierten Tieren in jeder Generation erstaunliche Qualitätsverbesserungen hervorbringt, sind sie vielen kaum verstandenen und oft tödlichen Gefahren ausgesetzt. Und wenn die Landschaft den nachdenklichen Reisenden an die friedlichen Schönheiten der sanfteren Gefilde in der Heimat erinnert, sollte er bedenken, dass sie mit fröhlicher Fruchtbarkeit giftige Reptilien, Schädlinge verbreitende Insekten und schreckliche Raubtiere hervorbringt.

Es besteht jedoch kein Grund zu bezweifeln, dass die moderne Wissenschaft Mittel zur Ausrottung oder Milderung vieler dieser Übel besitzt oder finden wird. Mit der Entwicklung des Landes und der wissenschaftlichen Erforschung der tropischen Landwirtschaft und tropischer Krankheiten werden die Schwierigkeiten, die die frühen Siedler plagten, allmählich beseitigt. Sie werden lernen, wie sie sich kleiden und beherbergen, was sie anpflanzen, züchten und was sie vermeiden sollten. Die Ausbreitung des Ostküstenfiebers, das heute von Zecken von einem Tier zum anderen und von infizierten Tieren von einem Bezirk zum anderen übertragen wird, wird gestoppt und durch ein geeignetes System von Drahtzäunen und Quarantäne kontrolliert. Gegen die verschiedenen Krankheiten, die Schafe oder Pferde befallen, werden Heilmittel gefunden. Zebras, Nashörner, Büffel und andere malerische und faszinierende Plagegeister werden aus den besiedelten Gebieten vertrieben oder dort ausgerottet und auf die weitläufigen Reserven unbewohnten Landes beschränkt. Das langsame, aber stetige Wachstum der weißen Bevölkerung wird einen Markt für lokale landwirtschaftliche Erzeugnisse schaffen. Die gut ausgestatteten wissenschaftlichen Abteilungen, die Veterinär- und Forstabteilungen und die neu eingerichtete, in beträchtlichem Umfang errichtete Landwirtschaftsabteilung werden in der Lage sein, die Unternehmungen des Neuankömmlings zu leiten und zu unterstützen und ihn davor zu bewahren, die unglückseligen Experimente des Pioniers zu wiederholen. Straßen werden verbessert und Eisenbahnen und Einschienenbahnen werden ausgebaut. Schritt für Schritt werden das Leben und die Lebensgrundlagen einfacher und sicherer. Es wird jedoch noch nicht bewiesen sein, dass der reinrassige Europäer seine Kinder unter der Sonne des Äquators und in einer Höhe von über 2.000 Metern aufziehen kann; und bis dies bewiesen ist, wird das „Land des weißen Mannes" ein Traum des weißen Mannes bleiben.

Ich habe über Europäer und Asiaten geschrieben. Was ist mit dem Afrikaner? Ungefähr vier Millionen dieser dunklen Leute leben in den Bezirken des Ostafrikanischen Protektorats, die tatsächlich oder teilweise verwaltet werden. Viele weitere liegen jenseits dieser weiten und fortschreitenden Grenzen. Welche Rolle sollen sie bei der Gestaltung der Zukunft ihres Landes spielen? Es ist schließlich *ihr* Afrika. Was werden sie dafür tun und was wird es für sie tun? „Die Eingeborenen", sagt der Pflanzer, „zeigen eine große Zurückhaltung gegenüber der Arbeit, insbesondere gegenüber regelmäßiger Arbeit." „Sie müssen dazu gebracht werden, zu funktionieren", sagen andere. „Für wen gemacht?" wir fragen unschuldig. „Für uns natürlich", ist die Antwort parat; „Was haben wir Ihrer Meinung nach gemeint?" Und hier stoßen wir auf eine weitere Herde von Nashörnern – unbeholfen, dickhäutig und gehörnt, mit einer kurzen Sicht, einem bösen Temperament und der Tendenz, bei jedem Alarm blind gegen den Wind zu rennen. Ist der Eingeborene untätig? Hält er sich nicht selbst und zahlt er seine Steuern nicht? Oder räkelt er sich entspannt, während seine drei oder vier Frauen den Boden bestellen, die Last tragen und seinen Lebensunterhalt verdienen? Und wenn er untätig ist, hat er dann ein Recht, untätig zu bleiben – ein nackter und unbewusster Philosoph, der „das einfache Leben" ohne Sorgen oder Wünsche führt – ein Gentleman der Muße in einer hechelnden Welt? Soll das das letzte Wort sein? Soll die Zivilisation definitiv sagen, dass der afrikanische Eingeborene keinen Anspruch mehr auf ihn hat, wenn er sich selbst behalten hat oder seine Frauen ihn behalten haben? Der Weiße soll den Rest erledigen. Er wird den Frieden bewahren, damit die Stämme gedeihen und sich vermehren können. Sein wachsames und vorausschauendes Auge, angespannt und müde von der Anstrengung, wird dennoch Vorkehrungen gegen den Hunger treffen; Seine Wissenschaft wird sich, auch wenn er selbst im Kampf untergeht, mit der Pest auseinandersetzen und Krankheiten heilen. Weit entfernt von seinem Zuhause und seiner Familie wird er Bäume fällen und Brunnen graben, Bäche stauen und Straßen bauen, mit besorgtem Herzen und „im Schweiße seines Angesichts", gemäß dem Fluch, der über das Kind vieler gelegt wurde will, während das Kind der Wenigen ihn aus dem Schatten beobachtet und ihn für verrückt hält.

Und wenn man das Leben und Schicksal des afrikanischen Ureinwohners – sicher in seinem Abgrund zufriedener Erniedrigung, reich, weil es ihm an allem fehlt und er nichts will – mit dem langen Albtraum aus Sorgen und Entbehrungen, aus Schmutz und Düsternis und Elend vergleicht, der nur von Schimmern quälender Erkenntnis und quälender Hoffnung erhellt wird und das Leben so vieler armer Menschen in England und Schottland ausmacht, dann fühlt man, wie der Boden unter den Füßen bebt. „Es wäre nie gut, viele ‚gemeine Weiße' in diesem Land zu haben", hörte ich eines Tages einen Herrn sagen. „Es würde den Respekt der Eingeborenen vor dem weißen Mann zerstören, wenn sie sähen, was für elende Menschen wir zu Hause haben." Hier ist also jedenfalls der Spieß umgedreht, und die Zivilisation schämt sich ihrer Vorkehrungen in Gegenwart eines Wilden, verlegen, dass er sehen könnte, was sich hinter dem goldenen und purpurnen Staatsgewand verbirgt, und zu vermuten beginnen könnte, dass der allmächtige weiße Mann ein Betrüger ist. Aber das ist irrelevant!

Ich bin eindeutig der Meinung, dass kein Mensch das Recht hat, untätig zu sein, egal wer er ist oder wo er lebt. Er ist verpflichtet, vorwärts zu gehen und sich ehrlich an der allgemeinen Arbeit der Welt zu beteiligen. Und ich schließe den afrikanischen Eingeborenen nicht aus. Die Eingeborenen sind in einem sehr viel größeren Ausmaß fleißig, lernwillig und fähig, sich weiterzuentwickeln, als manche, die diese Fragen diskutieren, oft anerkennen. Lebe ein paar Wochen lang, wie ich es getan habe, in enger Zusammenarbeit mit den disziplinierten Soldaten der King's African Rifles oder mit den klugen Seeleuten der Uganda Marine, und es scheint wunderbar, sie mit der Bevölkerung zu vergleichen, aus der sie hervorgegangen sind. Wie stark, wie gutmütig, wie klug sie sind! Wie stolz sind ihre weißen Offiziere auf sie! Welche Mühe geben sie sich, den Reisenden, die sie begleiten, zu gefallen; Wie offenherzig freuen sie sich über ein Wort des Lobes oder Dankes! Gerechte und ehrenhafte Disziplin, sorgfältige Erziehung und einfühlsames Verständnis sind alles, was nötig ist, um einen sehr großen Teil der einheimischen Stämme Ostafrikas auf ein weit höheres soziales Niveau zu bringen, als sie jetzt stehen. Und warum sollte man Männern nur beibringen, Soldaten zu sein? Soll im Krieg immer das Beste von allem sein? Kann die friedliche Industrie nicht so attraktiv, so gut organisiert und sorgfältig untersucht werden wie der kombinierte Einsatz tödlicher Waffen? „Warum", fragt Ruskin, „können Männer nicht stolz darauf sein, Dörfer *zu bauen* , anstatt sie nur *zu tragen* ?"

Ich frage mich, warum meine Feder in diese Labyrinthe rutscht, wenn ich doch nur einen Überblick über die Politik in Nairobi geben wollte? Aber in Wahrheit sind die Probleme Ostafrikas die Probleme der Welt. Wir sehen die sozialen, rassischen und wirtschaftlichen Belastungen, die die moderne Gesellschaft erschüttern, hier bereits am Werk, aber in Miniatur; und wenn wir uns dafür entscheiden, das Modell zu studieren, wenn der gesamte Motor zur Hand ist, dann deshalb, weil wir im kleineren Maßstab klarer sehen können und weil in Ostafrika und Uganda die Zukunft noch immer unversehrt ist. Die britische Regierung hat es in der Hand, die Entwicklung und das Schicksal dieser neuen Länder und ihrer vielfältigen Völker mit einer Autorität und von einer Höhe aus zu gestalten, die weit über dem liegt, mit dem Kabinette die riesigen Wirrnisse zu Hause bewältigen können. Und die Tatsache bewegt den Geist. Aber zu diesem Zeitpunkt wird der Leser genauso viel über die ostafrikanische Politik erfahren haben wie ich, als nach drei Tagen voller Deputationen und Disputationen der Zug Nairobi verließ, um uns zum Großen See und darüber hinaus zu bringen.

KAPITEL IV

DER GROßE SEE

Wir sind wieder mit der Uganda Railway unterwegs. So interessant und schön das Land auch ist, durch das die Strecke von Mombasa nach Nairobi führt, wird es von der herrlichen Landschaft der Fahrt zum See übertroffen. An erster Stelle in der Reihenfolge und im Rang steht der Große Riss. Diese merkwürdige Verwerfung in der Erdoberfläche, die Geologen über die viertausend Land- und Seemeilen, die uns von Palästina trennen, und noch weiter bis zum südlichen Ende des Tanganjikasees verfolgen, wird von der Uganda-Eisenbahn in einer ihrer bemerkenswertesten Etappen überquert . Über sechzig Meilen hinweg stieg das Hochlandplateau durch eine Reihe bewaldeter Hügel stetig auf eine Höhe von über sechstausend Fuß an. Jetzt fällt es abrupt, fast steil, mehr als 600 Meter tief. Diese stirnrunzelnde Wand aus Fels und Wald, die sich wie ein Lineal weiter erstreckt, als das Auge sehen kann, ist der Kikuyu-Steilhang. Während sich der Zug schräg und im Zickzack an seinem Gesicht entlang nach unten bahnt, bietet sich ein majestätisches Panorama auf die Aussicht. Weit unten, in Sonnenschein getaucht, erstrecken sich die weiten Weiten des Rift Valley bis zu nebligen, violetten Horizonten. Seine ebene Oberfläche wird von seltsam geformten Vulkanhügeln und zerschmetterten Kratern durchbrochen. In der Ferne ragt die gegenüberliegende Bergwand auf, braun und blau. Wir blicken wie aus einem Ballon auf die Ebene und verwechseln Wälder mit grünen Grasflächen und mächtige Bäume mit Dornengestrüpp.

DAS RIFT VALLEY VOM KIKUYU-STEILHANG AUS.

Nach etwa einer weiteren Stunde kommt der Naivasha-See in Sicht. Diese Wasserfläche ist etwa zehn Meilen im Quadrat groß, und der Rand eines versunkenen Kraters bildet in seiner Mitte eine seltsame, sichelförmige Insel. Sein Brackwasser stößt die Bewohner ab, bietet aber unzähligen Wildvögeln und vielen Flusspferden Unterschlupf. In Naivasha gibt es die staatliche Viehfarm. Man kann in ihren verschiedenen Herden die einheimischen Schafe, die Halbblut-Engländer, die Dreiviertelrassen usw. sehen. Die Verbesserung ist erstaunlich. Das einheimische Schaf ist ein haariges Tier und sieht für den ungeübten Blick eher wie eine Ziege als wie ein Schaf aus. Durch die Kreuzung mit Sussex- oder australischem Blut verwandelt sich sein Nachkomme in ein Wolltier mit vertrautem Aussehen. Bei der nächsten Kreuzung sind die Nachkommen optisch kaum von den reinrassigen Engländern zu unterscheiden, aber besser an die Sonne und das Klima Afrikas angepasst. Bei Rindern ist es genauso. In der ersten Generation verschwindet der Buckel des afrikanischen Ochsen. Im zweiten entpuppt er sich als respektabler Britisch Shorthorn. Das Ziel dieser Farm ist zweierlei: erstens, den Typ zu finden, der am besten an die örtlichen Gegebenheiten angepasst ist; zweitens, um die Siedler und Eingeborenen mit einer stetig wachsenden Quelle guten Blutes zu versorgen, durch die der Wert ihrer Herden verdreifacht und vervierfacht werden kann. Der Enthusiasmus und der Eifer der Verantwortlichen für diese Arbeit waren erfrischend. Derzeit sind ihre Aktivitäten jedoch durch unzureichende Mittel und die notwendigen Vorsichtsmaßnahmen gegen das Ostküstenfieber eingeschränkt. Das erste dieser Hindernisse kann beseitigt werden; der zweite ist weniger handhabbar.

Das Ostküstenfieber kam vor anderthalb Jahren über die deutsche Grenze und hat sich seitdem trotz der Vorsichtsmaßnahmen, die unsere spärlichen Mittel zulassen, allmählich und langsam im Protektorat ausgebreitet. Eine erkrankte Kuh kann dreißig Tage brauchen, um zu sterben. In der Zwischenzeit sind die schwärmenden Zecken überall dort infiziert, wo sie hinkommt. Sie behalten ihr Gift ein Jahr lang. Wenn in dieser Zeit anderes Vieh über den Boden läuft, heften sich die Zecken an sie und infizieren sie mit der Krankheit. Und jedes neue Opfer wandert fort und überträgt den Fluch auf neue Zecken, die ihn wiederum auf neues Vieh übertragen, und so weiter bis zum Ende der Geschichte. An jedem Punkt werden neue Bodenflächen befallen, und neue Kühe beginnen eine nach der anderen zu sterben und hinterlassen ihr böses Erbe den gefräßigen Insekten.

REGIERUNGSFARM IN NAIVASHA.

Hier sehen wir also, wie die beiden Prinzipien der Natur gleichzeitig am Werk sind – die Blutböcke und Bullen, die ihr gesundes, fruchtbares Leben in immer größeren Kreisen über das Land verbreiten; Die infizierten Rinder trugen ihre Todesbotschaft in alle Richtungen. Jeder erreichte Punkt wird sofort zu einem neuen Zentrum der Vitalität oder Auflösung. Beide Prozesse schreiten bewusst zu grenzenlosen Multiplikationen voran. Der Eingeborene ist dem fortschreitenden Ruin hilflos ausgeliefert. Sich selbst überlassen, würde das Böse sicherlich das Gute verschlingen, bis das Vieh ausgerottet wäre und die Krankheit aus Mangel an Beute verhungert wäre. Aber in diesem Moment greift der weiße Zweibeiner mit den Fähigkeiten zur rationalen Überlegung aus dem mit Blech bedeckten Landwirtschaftsministerium ein; entdeckt zum Beispiel, dass der Boden gereinigt werden kann, indem man Schafe darauf setzt, in die die Zecken ihr Gift harmlos abgeben und die anschließend gereinigt werden; errichtet Hunderte Meilen von Drahtzäunen, um das Land in Abschnitte zu unterteilen, so wie ein Kriegsschiff durch Schotte geteilt wird; umschließt infizierte Bereiche; vernichtet verdächtige Tiere; sucht methodisch und immer hoffnungsvoller nach Prophylaxemitteln und Heilmitteln; Mit der einen Hand hält man den Fluch auf, mit der anderen beschleunigt man den Segen und erfüllt damit sicherlich eine in vielerlei Hinsicht wichtige Funktion.

Meine Freunde und ich brauchten für die Reise zur Victoria Nyanza vier Tage, obwohl die Strecke auch in 24 Stunden zurückgelegt werden kann; denn wir machten jeden Tag einen Ausflug zum Sport oder zum Geschäft, während unser Zug zuvorkommend auf einem Abstellgleis wartete. An letzterem mangelte es tatsächlich nicht, denn der Gouverneur und die Leiter mehrerer Abteilungen befanden sich im Zug, und wir arbeiteten treu zusammen an vielen heiklen Dingen. Dann kamen Bauern, Landvermesser und andere mit Willkommens- oder Beschwerdeworten an die Stationen, eine Abordnung von Buren-Siedlern mit vielen Bekundungen ihrer Loyalität gegenüber der Krone und die Häuptlinge der Lumbwa- und Nandi-Stämme mit einer Menge Krieger. und ihr Laibon mit seinen vier Frauen, alle hintereinander, bis ich es genauso satt hatte, „kurze und angemessene" Reden zu halten, wie meine Gefährten es wohl satt hatten, ihnen zuzuhören.

DIE FRAUEN DER LAIBON.

GLEISKOPF IN KISUMU.

Aber Elmenteita war alles Urlaub. Lord Delamere empfing uns am Bahnhof mit Kapkarren, Ponys und Schweinespeeren, und wir fuhren auf der Suche nach Schweinen über eine riesige Ebene, die dicht mit Antilopen und Gazellen bevölkert war. Ich kann mich nicht auf die Erfahrungen beider Länder berufen, die notwendig sind, um die Vorzüge der Schweinejagd in Indien und Ostafrika im Hinblick auf die Kampfeigenschaften des Tieres oder das Gelände, auf dem es verfolgt wird, zu vergleichen. Aber ich denke, das erfahrenste Mitglied des Meerut Tent Club würde zugeben, dass der Mut und die Wildheit des afrikanischen Warzenschweins und die extreme Rauheit des Landes, das mit Felsbrocken übersät und mit tiefen Löchern für Ameisenbären übersät ist, verborgen bleiben durch hohes Gras machen Sie das Schweinestechen in Ostafrika zu einer Sportart, die seine ernsthafte und anerkennende Aufmerksamkeit durchaus verdienen würde. Gegenwärtig steckt es noch in den Kinderschuhen, und nur sehr wenige Offiziere der King's African Rifles können sich der Fähigkeiten eines indischen Experten rühmen. Aber in Ostafrika steht alles auf der ersten Seite; und außerdem gilt das Warzenschwein zumindest derzeit als gefährliches Ungeziefer, das auf einheimischen Plantagen unglaublichen Schaden anrichtet und dessen Vernichtung – egal mit welcher Methode, selbst der schwierigsten – sowohl nützlich als auch aufregend ist.

Unser erstes Schwein war ein hübscher Kerl, der mit erhobenem Schwanz und schelmisch glänzenden Stoßzähnen davongaloppierte und einen Lauf von fast drei Meilen absolvierte, bevor er getötet wurde. Das Risiko des Sports besteht darin, dass das Schwein nur von einem Pferd in vollem

Galopp überholt und effektiv aufgespießt werden kann. Der Boden ist so unruhig, dass man ihn kaum aus den Augen lassen möchte. Doch während mindestens hundert Metern am Stück muss die ganze Aufmerksamkeit des Reiters auf das Schwein gerichtet sein, das nur wenige Meter von ihm entfernt ist und von dem erwartet werden kann, dass es jede Sekunde angreift. Ein Sturz auf einem solchen Höhepunkt ist zwangsläufig sehr gefährlich, da das Warzenschwein den unberittenen Kavalier mit Sicherheit angreifen würde; Dennoch kann niemand dieser Chance entgehen. Ich weiß nicht, ob Anglo-Indien schaudern wird, aber ich würde dem Jäger in Ostafrika auf jeden Fall empfehlen, sich für den Fall eines Unfalls einen Revolver um den Oberschenkel zu schnallen. „Man will es nicht oft“, bemerkte der Amerikaner; „Aber wenn du es tust, willst du es unbedingt.“

Wir verbrachten einen lustigen Vormittag damit, diesen Unmenschen nachzureiten, ein paar *Gazella Granti* und *Gazella Thomsoni* oder „Grants“ und „Tommies“, wie sie allgemein genannt werden, zu erschießen und zwischendurch nach Elenantilopen zu suchen. Am Ende des Elmenteita-Sees, einer wunderschönen Wasserfläche, die unglücklicherweise brackig ist, war ein Festmahl vorbereitet worden, zu dem eine Reihe Herren von Lord Delameres Anwesen und den umliegenden Bauernhöfen eingeladen worden waren. Eine lange Reihe von Herden und Herden wurde auf beiden Seiten des Weges in der richtigen Reihenfolge aufgestellt, einheimische, halbblühende, dreiviertelblühende, reinrassige Tiere. Mit diesen Insignien patriarchalischen Reichtums, die bei jedem Reisenden, der weniger hungrig und in solchen Dingen besser ausgebildet war als ich, das größte Interesse erregt hätten, machten wir uns auf den Weg zu einem ausgezeichneten Mittagessen, das natürlich nicht ohne die übliche Diskussion über die Reise stattfand Ostafrikanische Politik.

Es war später Nachmittag, als wir uns auf den Rückweg zum Zug machten, der acht Meilen entfernt auf einem Abstellgleis lag. Unterwegs begegneten wir einem äußerst wilden und monströsen Schwein, das uns einen schönen Tanz durch Busch, Gras und Felsbrocken vorführte. Als es auf ein Stück vergleichsweise glattes, offenes Gelände kam, beschloss ich, es mit dem Speer zu durchbohren, trieb mein Pony zu Höchstgeschwindigkeit an und überlegte gerade, wie ich die Tat am besten ausführen sollte, als sich das Schwein ohne die geringste Provokation oder jedenfalls bevor es überhaupt gestochen worden war, plötzlich umdrehte und auf mich zusprang, als wäre es ein Leopard. Glücklicherweise kam mir mein Speer in die Quere und drang mit einem kräftigen Stoß, der meinen Arm eine Woche lang steif machte, tief in seinen Kopf und Hals ein, bevor er brach, so dass es froh war, sich abzuscheren, wobei 45 cm davon noch in ihm steckten. Nach einem Angriff auf meinen Begleiter flüchtete es in ein tiefes Loch, aus dem es weder durch Verlockungen noch durch Beleidigungen herausgezogen werden konnte.

Später ritten wir und töteten ein weiteres Schwein und jagten erfolglos ein viertes, und es war fast dunkel, bevor wir die Eisenbahn erreichten. Als ich in meinen Wagen stieg, erzählten sie mir ruhig, dass eine Viertelmeile entfernt und vor einer Viertelstunde *sechs Löwen* die Bahnlinie überquert hatten. Ein Siedler, der in Elmenteita zu Mittag gegessen hatte, lud einen hastig geliehenen Revolver, bevor er seinen Heimritt nach Nakuru antrat, und als ich ihm einige Patronen gab, dachte ich darüber nach, dass, was auch immer die Mängel Ostafrikas sein mögen, das Fehlen einer interessanten und vielfältigen Fauna sicherlich nicht dazu gehört.

Am nächsten Tag steigt unser Zug durch dichte und wunderschöne Wälder zum Gipfel des Mau-Steilhangs. Die Bewunderung für den Reichtum und die Pracht des Blattreiches vermischt sich mit so etwas wie Ehrfurcht vor seiner aggressiven Fruchtbarkeit. Die großen Bäume überragen die Linie. Die Schlingpflanzen wandern über die Stecklinge und bedecken den roten Boden mit Blüten- und Laubhüllen. Die Böschungen sind bereits abgedeckt. Jede Lichtung ist dicht mit gewundenen Pflanzen bewachsen. Ohne die unablässige Sorgfalt, mit der die gesamte Strecke abgekratzt und gejätet würde, wäre sie bald unpassierbar. So wie es ist, strecken sich überall die langen Finger des vordringenden Waldes neidisch nach den hellen Metallen. Vernachlässigte man die Uganda-Eisenbahn ein Jahr lang, würde eine Expedition nötig sein, um herauszufinden, wo sie verlaufen war.

Am Bahnhof Nyoro waren fast neunhundert Eingeborene damit beschäftigt, Holz für die Eisenbahn zu fällen, die vollständig von Holzbrennstoff abhängig ist. Der verantwortliche Auftragnehmer, ein junger englischer Gentleman, der mir als vorbildlicher Arbeitgeber einheimischer Arbeitskräfte in Regierungsaufträgen beschrieben wurde, hatte sich die Mühe gemacht, einen Weg durch den Wald über eine Schleife der Strecke zu bahnen, damit ich sehen konnte, wie es drinnen aussah. Durch diesen etwa anderthalb Meilen langen, von Blättern bedeckten Tunnel tauchten wir alle dementsprechend. Trotz all seiner Dichte und Verwirrung hatte dieser Wald nichts Unheimliches an sich. Die großen Riesen ragten prächtig bis zu hundertfünfzig Fuß in die Höhe. Dann kamen die gewöhnlichen Waldbäume, die viel dichter gedrängt standen. Darunter befand sich wiederum eine Schicht aus Gestrüpp und Büschen; und unter, um und zwischen dem Ganzen floss ein riesiges Meer aus windenartigen Kletterpflanzen. Durch diesen vierfachen Schleier kämpfte sich das Sonnenlicht etwa alle zwanzig Meter in schimmernden grünen und goldenen Karos hindurch.

Unterwegs wird die Methode der Kraftstoffreduzierung erklärt. Was den Arbeiter betrifft, handelt es sich um ein ausgefeiltes System der Akkordarbeit, das sehr genau und gerecht angepasst ist, und wie es so oft der Fall ist, wenn der weiße Arbeitgeber sich persönlich um seine Männer kümmert, schien es keine Schwierigkeiten zu geben eine beliebige Anzahl Einheimischer finden. Aber sie sind ein Pestunternehmen. Nur wenige bleiben länger als ein oder zwei Monate, so zufrieden sie auch mit ihrer Arbeit und den damit verbundenen Belohnungen sein mögen; Und gerade als sie anfangen, geschickter zu werden, gehen sie in ihre Dörfer, um ihre Gärten und ihre Familien zu bewirtschaften, und versprechen, in einem anderen Jahr oder nach der Ernte oder zu einem anderen fernen und unbestimmten Zeitpunkt wiederzukommen. Und in der Zwischenzeit muss die Eisenbahn jeden Tag und Tag für Tag ihren Treibstoff haben, mit der erbarmungslosen Monotonie der Industriemaschine.

Aber was für eine Methode, Brennstoff zu sparen! Eine wandernde Bevölkerung unbeholfener Barbaren hackt mit einheimischen Hacken, die eher einer Spielzeughacke als einer Axt ähneln, auf die Bäume ein und trägt ihre fertige Ladung eine Viertelmeile weit auf dem Kopf zum Holzstapel, während der Wald über die Schwachheit des Menschen lacht. Ich habe eine Berechnung angestellt. Jeder der neunhundert beschäftigten Eingeborenen kostet insgesamt sechs Pfund pro Jahr. Der Preis einer Dampf-Baumfällanlage mit einer Meile Einschienenbahn beträgt etwa fünfhundert Pfund. Die Zinsen und Tilgungsfonds für diese Kapitalausgaben entsprechen dem Lohn von vier Eingeborenen, zu dem noch das Gehalt eines kompetenten weißen Ingenieurs hinzugerechnet werden muss, das dem Lohn von vierzig Eingeborenen entspricht, und die Betriebskosten und Abschreibungen, die grob auf den Lohn von zwanzig weiteren Eingeborenen geschätzt werden; insgesamt also dem Lohn von fünfundsechzig Eingeborenen. Eine solche Anlage, die Bäume von sechs Fuß Durchmesser in vier oder fünf Minuten durchschneiden, Bauholz und Brennstoff schneiden, es für jeden Zweck mit höchster Geschwindigkeit in die richtige Länge sägen und es nach dem Sägen in ganzen Lastwagenladungen zum Gleisanschluss transportieren kann, würde die Wochenarbeit der 65 Eingeborenen, die sie ersetzt, an einem einzigen Tag erledigen und die Leistung versiebenfachen. Es hat keinen Sinn, tropisches Afrika mit bloßen Fingern in Besitz nehmen zu wollen. Die Zivilisation muss mit Maschinen ausgerüstet sein, wenn sie diese wilden Regionen ihrer Herrschaft unterwerfen will. Eisenstraßen, keine schleppenden Träger; unermüdliche Maschinen, keine müden Menschen; billige Energie, keine billige Arbeitskraft; Dampf und Geschick, nicht Schweiß und Fummelei: Das ist der einzige Weg, den Dschungel zu zähmen — mehr Dschungel als einen.

Darüber redeten wir – oder zumindest redete ich –, während wir über die Stümpfe umgestürzter Bäume kletterten oder in der smaragdgrünen Dämmerung von einem Sonnenstrahl zum nächsten über die Schlingpflanzenflut wateten. Es ist von entscheidender Bedeutung, dass diese Wälder nicht durch rücksichtslose und unvorsichtige Hände verwüstet werden. Nicht weniger wichtig ist, dass die Uganda-Eisenbahn über billigen Treibstoff verfügt. Lange Zeit ging es nur um den Treibstoff, aber jetzt, da eine ausgefeilte Forstverwaltung nach den wissenschaftlichsten Gesichtspunkten eingerichtet wurde, besteht die Gefahr, dass die Forstwirtschaft das einzige Ziel sein wird und die durch Vorschriften so erhöhten Treibstoffkosten in bewundernswerter Weise in die Höhe schnellen selbst, dass die Wirtschaft der Uganda Railway beeinträchtigt werden könnte. Und vergessen wir nie, dass die Uganda Railway das treibende Rad des gesamten Unternehmens ist. Was hier wie anderswo erforderlich ist, ist ein harmonischer Kompromiss zwischen gegensätzlichen und widersprüchlichen Interessen. Das ist alles.

Plötzlich begann unser Führer, uns von den seltsamen Kreaturen zu erzählen, die im Wald leben und manchmal ganz in der Nähe der Treibstoffschneider gesehen werden – sehr seltene Antilopen, riesige Büffel und erstaunliche Vögel und Schmetterlinge, die jenseits aller Vorstellungskraft liegen. Es war ihm gelungen, sich mit den Wandorobo anzufreunden – einem Stamm waldbewohnender Eingeborener, die in diesen undurchdringlichen Schatten leben und so schüchtern sind, dass sie ihr Dorf sofort verlassen, wenn ein Fremder es einmal erblickt; die aber gleichzeitig von der Neugier so gereizt sind, dass sie es nicht lassen können, immer näher und näher an die Brennschneider zu gucken, bis eines Tages Handelsbeziehungen auf der Basis von Zucker für Häute entstehen. Ich begann gerade, mich für diese Waldeichhörnchen zu interessieren, als wir in die heiße Glut der Mittagssonne einbrachen, die auf die polierten Eisenbahnschienen brannte, und auf unseren Kuhfänger klettern mussten, um zu einem echten Dampfsägewerk zu gelangen Zehn Meilen weiter oben auf der Linie.

Während der Fahrt steigt der Zug immer höher und das Aussehen der Landschaft ändert sich. Der Wald, der die Strecke bisher auf allen Seiten dicht umschlossen hat, wird jetzt von sanften Grashügeln getrennt. Und es gibt da etwas Außergewöhnliches: Wo die Waldgebiete enden, enden sie abrupt. Es gibt keinen zerklüfteten Gürtel dünner gewachsener Bäume, keinen Übergang. Sanfte Grashänge ziehen sich bis an den Rand des Urwalds, so wie in England die Wiese bis an den Rand des Waldes reicht. Dadurch wirkt die Landschaft überraschend heimelig. Es ist, als würde man durch eine Reihe riesiger Parks reisen, in denen die Hand des Menschen seit

Hunderten von Jahren genau bestimmt, wo Bäume wachsen sollen und wo nicht.

KAVIRONDO-KRIEGER IN KISUMU.

Im Westen sind durch Spalten im Plateau große Ebenen in nebliger Erscheinung zu sehen. Schließlich erreichen wir den Gipfel des Steilhangs und halten zum Mittagessen an einem Indikator, der 2.400 Meter über dem Meeresspiegel anzeigt. Im Süden erhebt sich ein Hügel, der vielleicht 1.500 Meter über uns liegt, und von dessen Spitze aus man die Wasser des Großen Sees wie die Wasser eines fernen Ozeans sehen kann.

Geografisch haben wir nun den Höhepunkt dieser langen Reise erreicht. Um von nun an den Weg nach Hause zu finden, müssen wir nur noch, von der Schwerkraft geleitet, zunächst zügig entlang der Eisenbahn zum Viktoriasee und dann gemächlich mit dem Strom des Nils zum Mittelmeer hinabsteigen. Die hohen Hochebenen Ostafrikas mit ihrer klaren, kühlen Luft und ihrem englischen Aussehen müssen nun zurückgelassen werden – nicht ohne großes Bedauern – und der Reisende wird auf einer Mittelwelt landen, die sich auf einer Höhe von etwa 1200 Fuß erstreckt wobei eine völlig andere Ordnung der Bedingungen vorherrscht. Dann geht es mit dreißig Meilen pro Stunde bergab, entlang weitläufiger Täler, um die Hügelrücken herum, über dünne Eisenbrücken, durch deren Träger man auf tief unten strömende Wildbäche blickt, weiter zum See. Innerhalb einer Stunde hat sich die Temperatur spürbar verändert. Ein Mantel ist nicht mehr notwendig, auch wenn Sie vor dem Motor fahren. In zwei Stunden ist das Klima warm und feucht mit der dampfenden Hitze der Tropen. Die Frische ist aus der Luft verschwunden und an ihre Stelle tritt das Gefühl schwüler Unterdrückung, das den zu dieser Jahreszeit so häufigen Gewittern vorausgeht.

Um einer heißen Nacht am Seeufer zu entgehen, machten wir in Fort Ternan Halt, einem ortslosen Namen, etwa sechzig Kilometer von Kisumu entfernt und gut tausend Fuß darüber. Und hier brach der Sturm über uns herein, der den ganzen Nachmittag über der Westseite des Mau-Steilhangs gebrütet hatte. Selbst nach zehn Monaten im südafrikanischen Veld war ich von seiner Gewalt überrascht. Fast zwei Stunden lang krachte und brüllte der Donner in gewaltigen Tönen –

„Wie Wasser, das von einem hohen Felsen geschleudert wird,

Der Blitz schlug ein, ohne einen einzigen Blitz zu erzeugen,

Ein Fluss steil und breit"

während der Regen in Strömen herabprasselt, ein einziger Schwall würde Sie bis auf die Haut durchnässen. Aber unser Zug bietet einen wirksamen Schutz. Wir essen gemütlich mitten im Sturm zu Abend und blicken danach in einer kühleren Atmosphäre hinauf zu reumütigen Sternen und einem tränenüberströmten Himmel.

Im Morgengrauen erreichen wir Kisumu. Es herrscht reges Treiben, eine überfüllte Plattform, Soldaten in Reih und Glied, Gruppen indischer Händler, Hunderte von Kavirondo-Eingeborenen in ihrer vollsten Entkleidung, mit Fahnen und Begrüßungen. Große weiße Dampfschiffe liegen neben dem Steg, und dahinter strahlen die Wasser des Sees ihre breite Begrüßung im Sonnenaufgang aus. Kisumu, oder Port Florence, wie es manchmal genannt wird, ist der westliche Endpunkt der Uganda-Eisenbahn und der wichtigste Hafen am Viktoriasee. Es besitzt, wie man mir sagte, die höchstgelegene Werft der Welt und ist der Ort, an dem alle Dampfschiffe, die jetzt auf dem See verkehren, zusammengebaut wurden. Ein 800-Tonnen-Frachtschiff ist gerade im Bau und wird in einigen Monaten vom Stapel gelassen, um dem wachsenden Verkehr des Nyanza gerecht zu werden. Der Bahnhof selbst ist hübsch; seine schmucken Häuser und Schatten spendenden Bäume, die sich an die Hügel lehnen, überblicken die weite Fläche der Kavirondo-Bucht und die sie umgebenden Vorgebirge. Leider ist es nicht gesund, denn das Klima ist drückend und die Abwässer stauen sich in der seichten Bucht, in der es keine Gezeiten gibt. Eines Tages wird eines von zwei Dingen passieren: Entweder wird der Wasserstand des Victoria Nyanza durch einen Damm über den Ripon Falls angehoben und die Kavirondo Bay entsprechend vertieft und gereinigt, oder die Eisenbahn wird umgeleitet und bis zu ihrer natürlichen Endstation im tiefen Wasser des Sees bei Port Victoria verlängert.

Der Kavirondo-Stamm, der größte in diesem Teil des Landes, hatte eine eindrucksvolle Demonstration organisiert. In dichter Aufstellung säumten sie die Straße vom Bahnhof zum Haus des Kommissars, und unsere Gruppe marschierte mitten durch sie hindurch, in einem wahren Durcheinander aus Hörnern, Trommeln und schrillen Begrüßungen. Alle Krieger trugen ihre Speere, Schilde und Kriegsbemalung, und die meisten von ihnen trugen prächtige Straußenfedern. Die Kavirondo sind nackt und schamlos. Beide Geschlechter sind es gewohnt, in der primitiven Einfachheit der Natur umherzugehen. Ihre Nacktheit beruht nicht auf bloßer Unwissenheit, sondern auf vernünftiger Politik. Sie haben ein sehr starkes Vorurteil gegen das Tragen von Kleidung, das ihrer Meinung nach zur Unmoral führt; und keine Kavirondo-Frau kann sich auch nur mit der dürftigsten Kleidung bekleiden, ohne ihren Ruf zu beschmutzen. Sie gelten als die moralischsten aller Stämme, die am Seeufer leben. Es ist schade, dass Herr Diogenes Teufelsdröckh von der Universität Weißenfels auf seinen wilden Wanderungen nicht auf sie gestoßen ist, denn sie hätten es ihm sicher ermöglicht, seinem monumentalen Werk über die Aufgaben des Schneiders eine weitere Seite hinzuzufügen.

NANDI- UND KAVIRONDO-KRIEGER IN KISUMU.

Am nächsten Morgen wache ich auf und finde mich auf einem prächtigen Schiff wieder. Die langen und geräumigen Decks sind so schneebedeckt wie die einer Vergnügungsyacht. Es ist mit Bädern, elektrischem Licht und allen modernen Annehmlichkeiten ausgestattet. Es gibt einen hervorragenden Tisch und eine gut ausgewählte Bibliothek. Schicke Blaujacken – mit Ebenholzgesichtern – polieren die Messingarbeiten; Elegante, weiß gekleidete britische Marineoffiziere gehen auf der Brücke auf und ab. Wir dampfen mit zehn Meilen pro Stunde über ein riesiges Süßwassermeer, so groß wie Schottland und höher als der Gipfel des Ben Nevis. Manchmal befinden wir uns in einem vollständigen Kreis aus See und Himmel, ohne ein Zeichen von Land. An anderen Orten passieren wir hohe Küsten, die mit Wäldern bedeckt und von fernen blaubraunen Bergen gekrönt sind, oder wir schlängeln uns zwischen einer Vielzahl wunderschöner Inseln hindurch. Die Luft ist kühl und frisch, die Landschaft herrlich. Vielleicht segeln wir im Juli vor der Küste von Cornwall. Wir befinden uns am Äquator, im Herzen Afrikas, und überqueren den Victoria Nyanza, viertausend Fuß über dem Meer!

KAPITEL V

DAS KÖNIGREICH UGANDA

Das Ostafrikanische Protektorat ist ein Land von größtem Interesse für Kolonisten, Reisende und Sportler. Aber das Königreich Uganda ist ein Märchen. Man klettert statt einer Bohnenranke auf eine Eisenbahn und am Ende erwartet Sie eine wunderbare neue Welt. Die Landschaft ist anders, die Vegetation ist anders, das Klima ist anders und vor allem sind die Menschen anders als alles andere in ganz Afrika. Anstelle der luftigen Hochebene betreten wir einen tropischen Garten. Anstelle nackter, bemalter Wilder, die mit ihren Speeren aufeinanderprallen und im Chor mit ihren Stammeshäuptlingen reden, wird ein vollständiges und ausgefeiltes Staatswesen präsentiert. Unter einem dynastischen König, einem Parlament und einem mächtigen Feudalsystem lebt eine liebenswürdige, gekleidete, höfliche und intelligente Rasse in einer organisierten Monarchie auf dem reichen Gebiet zwischen dem Victoria- und dem Albert-See zusammen. Mehr als zweihunderttausend Einheimische können lesen und schreiben. Mehr als hunderttausend haben den christlichen Glauben angenommen. Es gibt ein Gericht, es gibt Regenten und Minister und Adlige, es gibt ein regelmäßiges System einheimischer Gesetze und Tribunale; Es gibt Disziplin, es gibt Industrie, es gibt Kultur, es gibt Frieden. Tatsächlich frage ich mich, ob es irgendwo auf der Erde einen anderen Ort gibt, an dem die Träume und Hoffnungen des Negrophilen, die so oft durch Ergebnisse und hartnäckige Fakten verspottet werden, jemals eine so glückliche Verwirklichung gefunden haben.

Drei verschiedene Einflüsse, jeder von ihnen mächtig und wohlwollend, üben die Kontrolle über die Masse der Baganda-Nation aus. Erstens die kaiserliche Autorität, weltlich, wissenschaftlich, desinteressiert, unwiderstehlich; zweitens eine einheimische Regierung und eine feudale Aristokratie, die von ihren Missbräuchen befreit sind und dennoch ihre Vitalität bewahren; und drittens ein missionarisches Unterfangen in einem nahezu beispiellosen Ausmaß. Unter dem Schutz der britischen Flagge, sicher vor äußerer Bedrohung oder innerem Ärger, wächst der Kinderkönig zu einer gemäßigten und gebildeten Reife heran. Umgeben von seinen Staatsbeamten leitet er die Sitzungen seines Rates und des Parlaments oder betet Gottesdienste in der riesigen strohgedeckten Kathedrale, die auf dem Namirembe-Hügel errichtet wurde. Seine Feudalherren sind in ihren Rechten gestärkt, aber von tyrannischem Übermaß ferngehalten und werden von einer äußeren Macht geleitet. Sie üben ihre eigentlichen Aufgaben aus. Die Menschen, die von den Härten und Verwirrungen der noch nicht allzu langen Zeit befreit sind, sind lernfähig und bereit zu gehorchen. Und unter ihnen arbeitet mit geduldiger Energie eine große Schar hingebungsvoller christlicher Männer verschiedener Nationen, verschiedener Kirchen, aber einer gemeinsamen Nächstenliebe, die sich um ihre spirituellen Bedürfnisse kümmert, ihre sozialen und moralischen Vorstellungen erweitert und ihre Ausbildung Jahr für Jahr vorantreibt.

Eine Eleganz der Manieren, die einer naiven Einfachheit des Charakters entspringt, durchdringt alle Klassen. Ein aufwändiges Ritual freundlicher Begrüßungen mildert die Monotonie der Reise des Wanderers. Unterwerfung ohne Unterwürfigkeit oder Verlust der Selbstachtung wird der etablierten Autorität zugestanden. Die Eingeborenen zeigen einen Wissensdrang und eine sehr hohe Beobachtungsgabe und Nachahmungsfähigkeit. Und dann ist Uganda durch und durch ein wunderschöner Garten, in dem die Grundnahrungsmittel der Menschen fast ohne Arbeit wachsen und in dem sich fast alles andere besser und einfacher anbauen lässt als anderswo. Der Pflanzer von den besten Inseln Westindiens ist erstaunt über den Reichtum des Bodens. Baumwolle wächst überall. Gummi, Ballaststoffe, Hanf, Zimt, Kakao, Kaffee, Tee, Koka, Vanille, Orangen, Zitronen, Ananas sind natürlich oder gedeihen bei Einführung. Was unsere englischen Gartenprodukte betrifft, so erzeugen sie, wenn sie mit der Oberfläche Ugandas in Berührung kommen, einfach einen wilden Aufblühungs- oder Fruchtsprung und brechen einem das Herz vor Freude. Klingt das nicht nach einem Paradies auf Erden? Gehen Sie näher heran und betrachten Sie es genauer.

Das gute Schiff *Clement Hill*, benannt nach einem bekannten afrikanischen Entdecker, hat uns reibungslos und erfolgreich über die nördliche Ecke der

Victoria Nyanza befördert und erreicht den Pier von Entebbe, als der Nachmittag sich seinem Ende nähert. Der erste Eindruck, der dem Besucher, der frisch aus Kavirondo kommt, ins Auge fällt, ist das Schauspiel von Hunderten von Einheimischen, die alle in lange, saubere weiße Gewänder gekleidet sind, die sie mit Würde und Leichtigkeit tragen. Am Landeplatz wurde eine Art Pavillon errichtet, und hierher kommen Abordnungen der Handelskammer – einer begrenzten Gruppe von Europäern – aus der goanischen Gemeinschaft und aus der zahlreichen indischen Kaufmannskolonie. Eine von zwei Maultieren gezogene Tonga bringt mich zum Government House, und von einer breiten, mückensicheren Veranda aus kann ich eine wirklich entzückende Aussicht überblicken. Überall wachsen die schönsten Pflanzen und Bäume in Hülle und Fülle. Hinter einer Fülle violetter, violetter, gelber und purpurroter Blüten und einer weiten Fläche ebener grüner Rasenflächen liegt der große blaue See in seiner ganzen Schönheit. Die Hügel und Inseln am Horizont beginnen gerade im Sonnenuntergang zu erstrahlen. Die Luft ist weich und kühl. Abgesehen davon, dass das Bild in seinem Charakter tatsächlich eher englisch wirkt, könnte man meinen, es handele sich um die Riviera. Es muss zu schön sein, um wahr zu sein.

Es *ist* zu schön, um wahr zu sein. Man kann kaum glauben, dass ein so attraktiver Ort mit bösartigen Eigenschaften verflucht sein kann. Doch was für das Protektorat Ostafrika gilt, gilt noch mehr für Uganda. Der Kontrast zwischen Schein und Wirklichkeit ist auffälliger und krasser. Hinter seiner glitzernden Maske trägt Entebbe ein unheimliches Aussehen. Diese lächelnden Inseln, die die Landschaft des Sees schmücken und abwechslungsreicher machen, ernährten vor einigen Jahren eine große Bevölkerung. Heute sind sie verlassen. Jeder Weiße scheint ein Gefühl undefinierbarer Unterdrückung zu empfinden. Ein Schnitt will nicht heilen; ein Kratzer schwärt. Im dritten Jahr des Aufenthalts wird selbst eine kleine Wunde zu einer nässenden Wunde. An einem Tag fühlt sich ein Mann vollkommen wohl; am nächsten ist er ohne ersichtlichen Grund von Malaria heimgesucht, und zwar von einer besonders hartnäckigen Art, die sich oft beim dritten oder vierten Anfall in Schwarzwasserfieber verwandelt. In der kleinen europäischen Gemeinde in Entebbe gab es erst kürzlich zwei Selbstmorde. Ob es nun, wie ich für Ostafrika vermutet habe, an der Höhenlage liegt, an den nach unten gerichteten Strahlen der Äquatorsonne, an den Insekten oder an einer subtileren Ursache, es scheint jedenfalls ein feierliches Veto gegen den dauerhaften Aufenthalt des weißen Mannes in diesen wunderschönen Wohnstätten zu geben.

REGIERUNGSGEBÄUDE, ENTEBBE.

Viele befürworten die Aufgabe von Entebbe als Verwaltungshauptstadt und die Wiederherstellung des Regierungssitzes nach Kampala. Doch die Kosten für die Verlegung kürzlich errichteter öffentlicher Ämter und Gebäude an einen anderen Standort übersteigen die knappen Ressourcen völlig und gehören nicht zu den dringendsten Bedürfnissen des Protektorats Uganda. In der Abwasserentsorgung von Entebbe wurden in letzter Zeit große Verbesserungen erzielt. Die Büsche und Bäume, die so viel zu seinem malerischen Aussehen beitrugen, wurden rücksichtslos abgeholzt; und mit ihnen, *mirabile dictu* , sind die Mücke und die schlafkranke Tsetsefliege verschwunden. Eine halbe Meile entfernt liegen auf beiden Seiten der Siedlung Wälder, deren Betreten leicht den Tod bedeuten könnte; aber das bewohnte Gebiet ist jetzt ganz klar.

Außerdem ist die allgemeine Ungesundheit des Landes aus Sicht der Europäer nicht auf Entebbe beschränkt. Es ist in leicht unterschiedlichem Ausmaß in ganz Uganda weit verbreitet; und Kampala ist sicherlich nicht davon ausgenommen. Schließlich gibt es einen Grund anderer Art, der einer Rückkehr der kaiserlichen Regierung in die Heimatstadt ein letztes Hindernis auferlegen sollte. Uganda ist ein einheimischer Staat. Ein großer Teil unseres Erfolgs im Umgang mit der Bevölkerung beruht auf der Tatsache, dass wir durch und durch die einheimische Regierung arbeiten. Und diese Regierung würde zwangsläufig viel, wenn nicht sogar alles, von ihrer eigenständigen und natürlichen Identität verlieren, wenn sie von der unmittelbaren Nähe der obersten Regierung überwältigt würde.

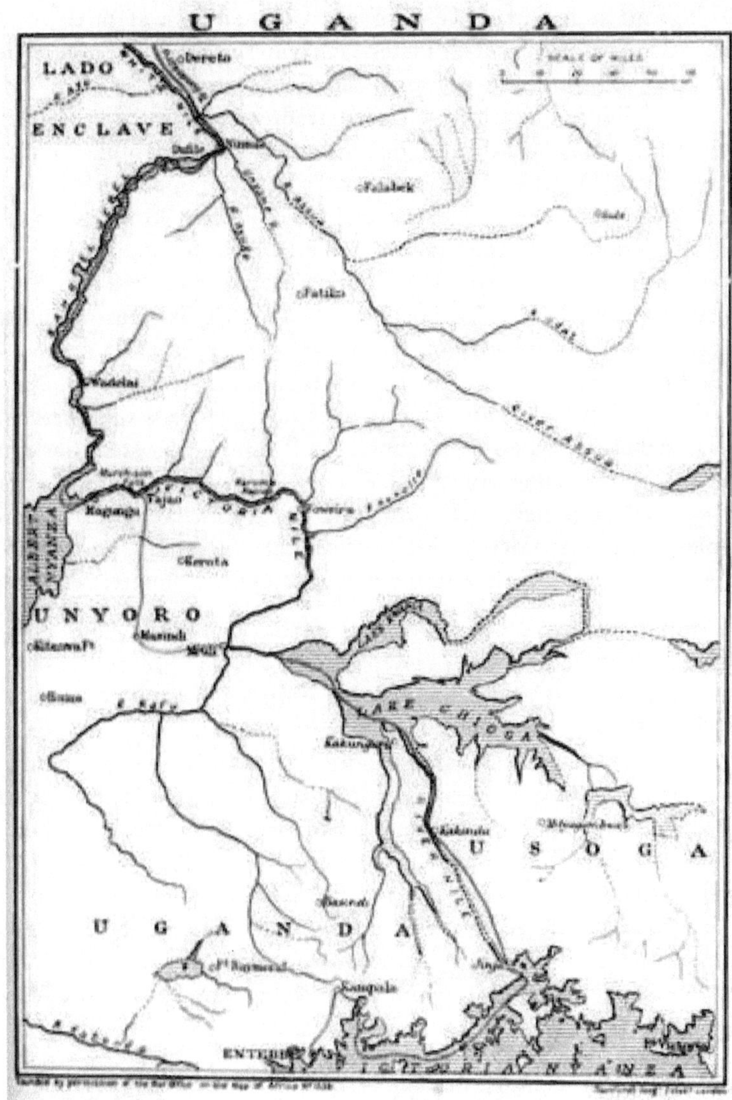

UGANDA
Gegründet mit Genehmigung des War Office on the Map of Africa
Nr. ¹⁵³⁹· Stanford
's Geogʳ Estabᵗ. London.

Für eine neue Station in einem fast unbekannten Land bietet Entebbe sicherlich viele bemerkenswerte Beweise für den Fortschritt. Die Hänge des Seeufers sind mit hübschen Villen bedeckt, die alle in ihren eigenen üppigen Gärten stehen. Es gibt einen ausgezeichneten Golfplatz und eine sehr freundliche und angenehme Gesellschaft. Über all dem steht der Sikh. Es gibt zwei Kompanien dieser Soldaten, eine in Entebbe und die andere in Kampala, die völlig immun gegen lokale Einflüsse aller Art sind und das darstellen, was Herr Gladstone als die „treibende Kraft" der kaiserlichen Autorität bezeichnete. Ich habe den Sikh in Indien immer bewundert, sowohl in seinen Quartieren als auch im Feld. Aber irgendwie beeindruckt seine anmutige militärische Gestalt und sein ernstes Gesicht unter dem Turban, während er aufrecht neben seinem Gewehr steht und britische Interessen sechstausend Meilen vom Punjab entfernt bewacht, das Auge und die Vorstellungskraft mit zusätzlicher Kraft. Er ist ein ausgewählter Freiwilliger aus allen Sikh-Regimentern, der sich an Uganda erfreut, unter seiner für ihn milderen Sonne gedeiht, von nichts lebt, seinen doppelten Sold spart und bereichert und stolz auf seinen Dienst jenseits des Meeres nach Indien zurückkehrt. Sollten zu irgendeinem Zeitpunkt Kostenüberlegungen oder der Wunsch, eine vollständige Homogenität der Streitkräfte des Protektorats zu erreichen, zur Auflösung oder zum Abzug dieser beiden Kompanien führen, werden diejenigen, die die Entscheidung treffen, eine Verantwortung auf sich nehmen, die nur wenige mit ihnen teilen möchten.

Was die menschliche Stärke anbelangt, ist die britische Macht in diesen Regionen derzeit nicht mehr anzufechten. Kein Mensch kann dem standhalten. Doch ein neuer Gegner ist aufgetaucht und lässt sich nicht leugnen. Uganda wird durch seine Insekten verteidigt. Es scheint sogar, dass die Ankunft des weißen Mannes und die zunehmende Bewegung und Aktivität, die seine Anwesenheit hervorgerufen hat, diese beeindruckenden Atome zu einer Erkenntnis ihrer bösen Kräfte erweckt haben. Die gefürchtete *Spirillum*-Zecke hat begonnen, die Straßen wie ein winziger Fußstapfen zu befallen, und kaum eine Vorsichtsmaßnahme hilft mit Sicherheit gegen sie. Diese Zecke ist ein schmutziges, trist gefärbtes Wesen von der Größe und Form einer kleinen zerquetschten Erbse. Wenn er eine infizierte Person beißt, erkrankt er nicht selbst am Spirillum-Fieber und überträgt es auch nicht direkt auf andere Personen. Durch eine besonders bösartige Vorkehrung der Natur wird diese Macht nicht von ihm, sondern von seinen Hunderten zählenden Nachkommen ausgeübt. So breitet sich das Gift in unvorhersehbarer Weise aus. Obwohl dieses Fieber nicht tödlich verläuft, ist es in seinem Verlauf außerordentlich schmerzhaft und in seinen Folgen belastend. Es kommt zu fünf oder sechs einzelnen und aufeinanderfolgenden Fieberanfällen, bei denen die Temperatur des Opfers sogar auf 107 Grad ansteigen kann; und danach kommt es vorübergehend zu einer Art Gesichtslähmung der Augen und des Gehörs. Eine Straße nach der anderen wurde für von dieser Geißel befallen erklärt, und ein Beamter nach dem anderen wurde niedergestreckt, während er im Dienst von Ort zu Ort zog. Die einzige sichere Abhilfe scheint die Zerstörung aller alten Grashütten und Campingplätze zu sein und die Errichtung eines regelmäßigen Systems aus Stein gebauter, ordnungsgemäß gewarteter und desinfizierter Rasthäuser entlang der Straßen, in denen der Reisende Zuflucht suchen kann vor der lauernden Gefahr. Und das muss getan werden.

Doch ein weitaus schrecklicherer Schatten verdunkelt das Protektorat Uganda. Im Juli 1901 bemerkte ein Arzt des Church Missionary Society Hospital in Kampala acht Fälle einer mysteriösen Krankheit. Sechs Monate später berichtete er, dass auf der Insel Buvuma über zweihundert Eingeborene daran gestorben und Tausende infiziert zu sein schienen. Die Pest breitete sich rasch in allen Bezirken des Seeufers aus, und die Sterblichkeitsrate war erschreckend. Niemand konnte sagen, woher sie kam oder was sie verursachte. Sie widerstand jeder Art von Behandlung und schien allgemein tödlich zu sein. Sofort wurden wissenschaftliche Untersuchungen verschiedener Art eingeleitet, doch lange Zeit wurden keine Ergebnisse erzielt, und inzwischen breitete sich die Krankheit wie Feuer im Sturm an den Küsten und Inseln des großen Sees aus. Bis Mitte 1902 wurden über dreißigtausend Todesfälle durch *Trypanosomiasis* oder „Schlafkrankheit", wie sie genannt wird, gemeldet. Sie breitete sich immer noch rasch überall aus, und es gab keinerlei Hinweise zu ihrer Behandlung oder Vorbeugung. Es schien sicher, dass die gesamte Bevölkerung der betroffenen Bezirke dem Untergang geweiht war.

Am 28. April 1903 verkündete Colonel Bruce, dessen Dienste für die Untersuchung der „Schlafkrankheit" durch die Unterstützung der Royal Society in Anspruch genommen worden waren, dass er davon ausgeht, dass die Krankheit auf eine Art Trypanosom zurückzuführen sei, das von einer Person auf die andere übertragen werde ein anderer durch den Biss einer Tsetsefliegenart namens *Glossina palpalis* . Seine Theorie wurde stark durch die Tatsache gestützt, dass die Krankheit offenbar auf die von der Fliege befallenen Orte beschränkt war. Der Fluggürtel konnte ebenfalls genau definiert werden und es wurde selten festgestellt, dass er sich weiter als ein oder zwei Meilen vom Wasser entfernt erstreckte. Die Nachricht, dass die Europäer sich nicht länger als immun gegen die Infektion betrachten könnten, löste, wie man sich vorstellen kann, große Bestürzung in der weißen Gemeinschaft aus. Nahezu jeder war schon einmal von Tsetsefliegen gebissen worden, aber ob es sich tatsächlich um eine bestimmte Art handelte, blieb ungewiss. Darüber hinaus wimmelt es an allen Teilen des Seeufers in so großer Zahl von Tsetsefliegen, dass ihre flächendeckende Vernichtung völlig unmöglich erscheint. Was dann?

Eine Zeitlang machte Colonel Bruces Entdeckung alle vorbeugenden und einschränkenden Maßnahmen fast lahm. Die Plage wütete ungehindert. Ende 1903 wurden über 90.000 Tote gemeldet, und die Seeufer entvölkerten sich rasch. Ganze Dörfer wurden vollständig ausgerottet, und große Gebiete in Usoga, die früher für ihre hohe Kultivierung berühmt waren, verfielen wieder in Wald. Die Schwäche der Opfer und die Angst oder Apathie der Überlebenden ermöglichten einen plötzlichen Anstieg der Zahl der Leoparden, und diese wilden Tiere machten mit Kühnheit und Straflosigkeit Jagd auf Lebende, Sterbende und Tote.

Weitere Untersuchungen, die in viele Richtungen eifrig vorangetrieben wurden, brachten die Existenz der Tsetsefliege in weiten Gebieten ans Licht. Im Landesinneren von Usoga, an den Ufern vieler Flüsse, in Sümpfen an den Ufern des Albert Lake und des Lake Albert Edward, wurden diese wimmelnden Abgesandten des Todes gefunden, die auf ihre Botschaft warteten. Alles, was nötig war, um sie mit ihrer tödlichen Macht auszurüsten, war die Ankunft einer mit der Mikrobe infizierten Person. Die Albert-Ufer und mehrere Teile des Obernils wurden bald zu neuen Seuchenherden. In Unyoro kam es zu Tausenden Todesfällen. Bis zum Ende des Jahres 1905 waren in den von der Pest heimgesuchten Gebieten deutlich mehr als zweihunderttausend Menschen umgekommen, *wobei die Bevölkerungszahl* in diesen Gebieten *höchstens dreihunderttausend betragen konnte* .

Jeder bisherige Rückgang der Sterblichkeit in einem Bezirk ist nicht auf eine Verringerung der Virulenz der Krankheit zurückzuführen, sondern einfach auf die Verringerung der möglichen Opfer aufgrund der Ausrottung der Einwohner. Auf Buvuma, vor einigen Jahren noch eine der wohlhabendsten Inseln, leben weniger als vierzehntausend von dreißigtausend Menschen. Einige der Inseln der Sesse-Gruppe haben jede Seele verloren, während auf anderen nur noch ein paar sterbende Eingeborene übrig sind, die in den letzten Stadien der Krankheit umherkriechen und eine einst wimmelnde Bevölkerung repräsentieren.

„Man hätte erwarten können", schreibt Sir H. Hesketh Bell, der Gouverneur von Uganda, dem ich viele wertvolle Informationen zu diesem Thema verdanke, „dass, obwohl die Neger nicht in der Lage waren, die Theorie der Übertragung zu begreifen Die unbestreitbare Tödlichkeit der an das Seeufer angrenzenden Länder hätte sie dazu veranlasst, aus dem heimgesuchten Land zu fliehen und in den gesünderen Gebieten im Landesinneren Zuflucht vor der Pest zu suchen, die sie zu Tausenden tötete Der außergewöhnliche Fatalismus scheint jedoch die Eingeborenen gelähmt zu haben, und obwohl sie die Traurigkeit ihres Schicksals bedauerten, scheinen sie den Tod fast mit Apathie akzeptiert zu haben.

Obwohl die Wissenschaftspolizei erst spät am Ort der Tragödie eintraf, folgte sie nun vielen übereinstimmenden Hinweisen. Therapeutische Untersuchungen zur Behandlung und Entstehung der Krankheit, entomologische Untersuchungen der Einsatzorte, Gewohnheiten, Gefahren und Lebensgeschichte der Fliege sowie drittens drastische

Verwaltungsmaßnahmen werden nun mit Nachdruck vorangetrieben. Wissen hat sich angesammelt. Die Schlafkrankheit zu bekämpfen ist wie einen Vampir zu töten. Damit der Zauber wirkt, müssen fünf verschiedene Bedingungen erfüllt sein: Wasser, Büsche, Bäume, die Tsetsefliege (*Glossina palpalis*) und eine infizierte Person. Entfernen Sie eines davon und der Fluch wird aufgehoben. Aber lassen Sie sie alle vereint sein, und die sichere Vernichtung jedes Menschen im Bezirk ist nur eine Frage der Zeit.

Die Regierung Ugandas verfolgt nun eine Politik, die auf der Anerkennung dieser Tatsachen basiert. Überall dort, wo es notwendig ist, an die Seeufer zu kommen, wie in Entebbe, Munyonyo, Ripon Falls, Fajao usw., wird die Tsetse-Fliege durch Fällen der Bäume, Abholzen des Busches und Anpflanzen an ihrer Stelle verbannt oder ausgerottet Kräftiges, schnell wachsendes *Citronella-* Gras, das sich, sobald es fest etabliert ist, gegen eindringende Vegetation behauptet. Wo es nicht möglich ist, die Ufer von Tsetsefliegen zu befreien, müssen sie von Bewohnern befreit werden. Und die außergewöhnliche Operation, ganze Bevölkerungen aus ihren alten Häusern an neue Orte zu verlegen – oft gegen ihren Willen – wurde im letzten Jahr tatsächlich durch eine gemeinsame Anstrengung dieser drei enormen Regierungskräfte, die von so unterschiedlichen Gesichtspunkten aus regulieren, vollbracht Sehen Sie sich das Leben und die Freiheiten der Baganda an.

Daraus folgt nicht, dass die Seeufer für immer verlassen werden müssen. In sehr kurzer Zeit – manche sagen zwei Tage, manche elf Stunden – ist die infizierte Tsetse-Plage frei von Gift und kann es nicht mehr übertragen; und wenn die Krankheit erst einmal aus der Bevölkerung ausgerottet ist, können gesunde Menschen zurückkehren und ungestraft gebissen werden. Ebenso wenig können wir hoffen, dass die Sterblichkeit in naher Zukunft spürbar zurückgehen wird, es sei denn, es wird ein Heilmittel entwickelt, das in großem Maßstab angewendet werden kann. Denn es gibt noch viele Tausende von Menschen, die betroffen sind, und für diese sind Absonderung, Pflege und Mitgefühl die gegenwärtigen Ressourcen der Zivilisation.

Eines ist jedoch von größter Wichtigkeit. Man darf nicht den Mut verlieren. Die Forschungen, die in so vielen Laboratorien durchgeführt werden und an denen Professor Koch eine führende Rolle spielt, können jederzeit ein absolutes Heilmittel hervorbringen. Durch die jetzt energisch durchgesetzten Verwaltungsmaßnahmen wird angenommen, dass der tödliche Kontakt zwischen infizierten Personen und nicht infizierten Fliegen, zwischen infizierten Fliegen und nicht infizierten Personen, wirksam unterbunden worden ist. Wir werden bestimmt noch mehr über die Tsetse erfahren. Die bescheidene schwarze Bremse, die für den flüchtigen Beobachter nicht von harmlosen Arten zu unterscheiden ist, außer dass ihre

Flügel ordentlich wie eine geschlossene Schere gefaltet sind, anstatt sich auf beiden Seiten ihres Rückens auszubreiten, steht jetzt unter einem hellen, forschenden und erbarmungslosen Auge. Wer sind ihre Feinde? Was sind ihre Gefahren? Welche Bedingungen sind für ihre Existenz wesentlich? Welche Bedingungen sind tödlich oder schädlich? Internationale Kommissionen diskutieren sie an grünen Tischen, ernste Männer blicken geduldig durch Mikroskope auf sie, aktive Beamte durchkämmen Zentralafrika, um sie auf Karten zu verzeichnen. Unerbittlich wird ein fein gesponnenes Netz um ihn herum gewoben. Und findet der Mensch in diesem seltsamen, unerbittlichen Krieg nicht Verbündete? Es gibt Fische, die Mücken vernichten, es gibt Vögel, die Fliegen jagen, es gibt Pflanzen, deren Geruch oder Anwesenheit für bestimmte Insektenformen abstoßend oder schädlich ist. An welchen Orten und wie lange wird die Tsetse-Pilze noch weiterfliegen, wie sie es gewohnt ist, über dem glatten, schimmernden Wasser, knapp über dem Schilf und den Büschen, knapp unter den Zweigen der überhängenden Bäume? *Glossina palpalis contra mundum!*

DER GOUVERNEUR MIT DER BAGANDA-GRUPPE.

Ich habe nicht versucht, die Gefahren bei der Beschreibung der Reichtümer und Schönheiten Ugandas zu verbergen. Die harten Kontraste des Landes, seine edlen Möglichkeiten, seine abscheulichen Krankheiten, seine Fruchtbarkeit von Leben und Tod können durch viel mehr Fakten und Beispiele veranschaulicht werden, als ich hier aufführen kann. Aber was für eine Verpflichtung, was für eine heilige Pflicht wird Großbritannien auferlegt, sich persönlich in die Listen einzutragen und diese vertrauensvolle, fügsame, intelligente Rasse der Baganda vor Gefahren zu schützen, die, was auch immer ihre Ursache sein mag, mit unserer Ankunft in ihrer Mitte einhergegangen sind! Und lasst uns in der Zwischenzeit sicher sein, dass

Ordnung und Wissenschaft siegen werden und dass John Bull am Ende wirklich der Herr in seinem seltsamen Garten aus Sonnenschein und Tollkirschen sein wird.

KAPITEL VI

KAMPALA

Zwei Tage nach meiner Ankunft in Entebbe brachte mich der Gouverneur nach Kampala. Die Entfernung zwischen der antiken und der Verwaltungshauptstadt beträgt etwa vierundzwanzig Meilen. Obwohl die Straße nicht asphaltiert ist, verläuft sie über so festen, glatten Sandstein, der vom Regen fast poliert ist, dass sie, abgesehen von einigen wenigen Stellen, ein Auto gut befördern würde und ein Fahrrad ein ausgezeichnetes Fortbewegungsmittel ist. Die Autos der ugandischen Regierung, die jetzt gut und regelmäßig fahren, waren damals jedoch noch nicht eingetroffen, und die übliche Fortbewegung bestand darin, mit der Rikscha zu reisen. In diesem leichten Fahrradwagen, der von einem Mann zwischen den Deichseln gezogen und von drei weiteren von hinten geschoben wurde, konnten wir auf sehr komfortable Art und Weise mehr als sechs Meilen pro Stunde zurücklegen.

Die Rikscha-Jungs, die hübsch in weiße Tuniken und rote Mützen gekleidet waren, wurden alle acht Meilen abgelöst. Sie haben ihre eigene Art, ihre Geschäfte zu erledigen. Von dem Moment an, in dem die Reisenden in der Rikscha sitzen und ihre Arbeit beginnt, beginnen sie mit einem ständig wechselnden, aber absolut endlosen Wechselgesang, der ihnen zwar den Atem raubt, aber zweifellos dazu dient, ihre Stimmung aufrechtzuerhalten. „Burrulum", rufen die Schieber; „Huma", sagt der Zieher. „Burrulum", sagen die Schieber wieder und so weiter, immer und immer wieder, eine sehr lange Zeit lang. Alle diese Gesänge haben ihre Bedeutung, und wenn sich herausstellt, dass der Reisende schwerfällig ist oder die Sprache nicht beherrscht, wird er nicht immer durch eine korrekte Übersetzung gelobt. Der Ausdruck, den ich zitiert habe, bedeutet „Eisen auf Holz" und seine Bedeutung ist, dass das Eisen europäischer Stärke und Geschicklichkeit, wie überlegen es auch sein mag, dennoch nicht ohne das Holz einheimischer Arbeit und Ausdauer auskommt. Mit solchen einwandfreien Gefühlen würde niemand etwas anstellen. Doch auch diese verlieren durch Wiederholung an Reiz, und nach einer halben Stunde „Burrulum" und „Huma" war ich gezwungen, die Sänger zu fragen, ob es ihnen nicht gelingen könnte, uns schweigend zu vermitteln. Sie versuchten ihr Bestes, aber ich konnte sehen, dass sie unglücklich waren, und nach einer Weile nahm ich aus Mitleid und um das Tempo zu verbessern das Verbot zurück, und der Refrain wurde freudig in einer neuen und ausgefeilteren Form wieder aufgenommen.

Die Manieren der Baganda sind bis zu einem gewissen Grad zeremoniell. Sie verdienen es durchaus, dass Sir Harry Johnston sie als „die Japaner Afrikas" bezeichnet. Wenn man auf einer englischen Straße einem Fremden „Guten Morgen" sagt, ist es so, als würde ihn seine Überraschung in eine Haltung der Selbstverteidigung versetzen; doch als sich zwei Baganda treffen, beginnen sie sich gegenseitig zu grüßen, sobald sie in Hörweite kommen. "Wie geht es dir?" schreit der Eine. „Wer bin ich, den du wissen solltest?" antwortet der andere. „Obwohl ich demütig bin, habe ich es dennoch gewagt", entgegnet der Erste. „Aber sagen Sie zuerst, wie geht es *Ihnen* ", fährt der zweite fort. „Umso besser für die Ehre, die du mir erwiesen hast", lautet die Antwort. Damit haben sie sich bereits überholt, und es bleibt nur noch Zeit für die parthische Freundlichkeit: „Die Ehre gehört mir, und ich werde sie schätzen" und ein Zittern zart modulierter, langgezogener „A-a-a's". von Zufriedenheit und Wohlwollen, die in der Ferne allmählich verschwinden, so dass keiner von ihnen in schlechteren Verhältnissen und auch nicht besser informiert zurückbleibt. Zur Vorsicht des Lesers muss ich hinzufügen, dass der oben genannte Dialog kein unveränderliches Ritual ist. Die Phrasen können je nach Anlass bis ins *Unendliche* variiert werden ; aber es wird als Veranschaulichung dieser Höflichkeiten am Straßenrand genügen.

BAGANDA-KRIEGER IN KAMPALA.

Wenn Sie einen Baganda vollkommen glücklich machen möchten, brauchen Sie nur „Way wally" zu sagen, was so viel wie ein äußerst ernst gemeintes „Gut gemacht" bedeutet. Sobald dieser glückbringende Ausdruck Ihre Lippen verlassen hat, wird der Eingeborene, an den er gerichtet ist, wahrscheinlich auf die Knie fallen, seine Hände falten und sie von einer Seite zur anderen wiegen, als ob er eine Ziehharmonika spielen würde, während sein Gesicht die ganze Zeit von einem äußerst gütigen und zwanghaften

Lächeln erstrahlt und er „A-o, a-o, a-o" schnurrt, was so viel bedeutet wie: „Mein Becher der Freude fließt über." Es entspricht nicht unseren Vorstellungen, dass der Mensch vor dem Menschen niederknien sollte, und man fühlt sich unwohl, wenn man dies sieht. Dennoch sollte man nicht denken, dass die Handlung, wie sie von den Baganda ausgeführt wird, irgendeine Unterwürfigkeit beinhaltet oder impliziert. Es ist ihr gutes Benehmen – und soll nicht mehr sein. Und wenn Sie sich erst einmal daran gewöhnt haben, scheinen sie auch nicht im Geringsten an Würde zu verlieren. Nur sie gewinnen Ihr Herz.

Die Straße von Entebbe nach Kampala führt durch herrliche Landschaften. Auf ihrer gesamten Länge wurde gerade eine doppelte Allee aus Gummibäumen gepflanzt, und dahinter auf beiden Seiten befinden sich breite Streifen Baumwollpflanzen, die mit ihren gelben Blüten oder rosa-weißen Samenkapseln wunderschön aussehen. Amerikanische Hochlandbaumwolle aus Uganda erzielt auf dem Markt in Manchester tatsächlich einen höheren Preis als in den Vereinigten Staaten. Im größten Teil Ugandas scheint ihr Anbau praktisch keine natürlichen Schwierigkeiten zu bereiten. Eine große Entwicklung ist nur eine Frage der Organisation und – des Geldes.

Aber ich habe vergessen, dass wir zügig die Kampala-Straße entlang gefahren sind und jetzt fast in Sichtweite der Stadt sind. Fast, aber nicht ganz; Denn um die Wahrheit zu sagen, hat noch nie jemand Kampala gesehen. Der Reisende sieht die Regierungsgebäude und -residenzen ordentlich und gepflegt auf einem Hügel; auf einem anderen sieht er das Haus des Königs und die Häuser seiner Minister. Auf einem dritten, vierten oder fünften Hügel kann er nacheinander die protestantische Kathedrale, die katholische Mission und das Kloster des Weißen Vaters erkennen. Aber Kampala, die Heimat von sechzigtausend Menschen, ist dauerhaft unsichtbar. Die ganze Stadt ist unter den Blättern unzähliger Bananenplantagen begraben, die ihren Bewohnern Schatten und Nahrung bieten und in denen ihre Hütten dicht verstreut und absolut verborgen liegen.

KÖNIG DAUDIS TROMMLER IN KAMPALA.

BEOBACHTEN SIE DEN KRIEGSTANZ IN KAMPALA.
(Major Jenkins, Mr. Churchill, König Daudi, Sir H. Hesketh Bell.)

Wir waren noch drei Meilen von dieser „Gartenstadt" entfernt, als der Empfang der Einheimischen begann, und wir reisten eine Viertelmeile zwischen Reihen weiß gekleideter Baganda, die alle von ihren Häuptlingen versammelt waren und zum Zeichen des Willkommens in die Hände klatschten. Schließlich erreichte unsere Prozession von Rikschas einen Hügel am Straßenrand, auf dessen Spitze ein Pavillon stand, der wunderschön aus kräftigem Elefantengras gebaut war und wie dünne, polierte Stöcke mit seltsamer Kunst zusammengewebt war. Von dieser Anhöhe herab kamen uns über einen mit Binsen übersäten Weg der König und seine Würdenträger in einer äußerst imposanten Reihe entgegen. Daudi Chewa, der König oder Kabaka von Uganda, ist ein anmutiger, vornehm aussehender kleiner Junge, elf Jahre alt. Er war einfach gekleidet in ein fließendes schwarzes Gewand mit goldenen Rändern und einer kleinen, mit Weißgold umrandeten Mütze. Um ihn herum befand sich der Regentschaftsrat; und zu seiner Rechten stand der Premierminister, Sir Apolo Kagwar, ein kraftvoller, entschlossen aussehender Mann, der ein karmesinrotes, goldbesetztes Gewand trug, auf dem viele Auszeichnungen, mehrere britische Kriegsmedaillen und der Orden von St. Michael glänzten St. Georg.

Wir schüttelten uns alle die Hände und wurden dann in den Pavillon geführt, wo wir auf Korbstühlen Platz nahmen und süße Gelees aßen, während wir uns unterhielten. Der König, der von einem Englischlehrer sehr sorgfältig unterrichtet wird, versteht und spricht recht gut Englisch, aber bei dieser Gelegenheit schien er zu schüchtern, um mehr als „Ja" oder „Nein" mit leiser, süßer Stimme zu sagen, und dieses formelle Gespräch ging bald zu Ende.

Der Nachmittag war voller Zeremonien; denn der Kommissar von Uganda musste in den Rang eines Gouverneurs vereidigt werden, zu dem er kürzlich erhoben worden war; und es gab eine Truppenparade, an der etwa fünf- oder sechshundert sehr schick aussehende Soldaten teilnahmen, angeführt von der Kampala-Sikh-Kompanie. Erst als die Schatten länger wurden, besuchten wir den Kabaka auf dem Royal Hill. Er empfing uns in seinem Parlamentsgebäude. In diesem großen und wunderschön gebauten Grasgebäude waren etwa siebzig Häuptlinge und Baganda-Berühmtheiten versammelt. Der kleine Kabaka saß auf seinem Thron, und seine Untertanen gruppierten sich um ihn und vor ihm. Wir bekamen Plätze an seiner Seite, und der Premierminister erklärte, dass die Baganda uns die Zeremonie der Vereidigung eines Häuptlings zeigen würden. Daraufhin trat einer der stämmigsten und würdevollsten Ratsmitglieder in die Mitte des Raumes, warf sich mit dem Gesicht nach unten auf den Boden und schüttete einen Schwall von Treuebekundungen aus. Nach ein paar Minuten stand er auf und begann, seine Speere zu schwingen, während er die ganze Zeit seinen Eid sang, bis er einen außergewöhnlichen Anschein von Leidenschaft erweckt hatte. Schließlich eilte er aus dem Gebäude, um draußen die Feinde des Königs zu töten. Erst als er einen Moment später zurückkam, ruhig, gesetzt und respektabel, erkannte ich an dem fröhlichen Lächeln auf seinem Gesicht und der Fröhlichkeit der Gesellschaft, dass er „nur so tat" und dass die Zeremonie nur eine Vortäuschung war, um unser Interesse zu wecken.

AUF DEM WEG NACH KAMPALA.

STRAßE ZWISCHEN JINJA UND DEM CHIOGASEE.

Der Vorfall ist bemerkenswert, weil er zeigt, wie schnell das Volk der Baganda seine Vergangenheit hinter sich lässt. Schon jetzt lachen sie über ihr altes Ich. Zeremonien, die vor zwanzig Jahren eine feierliche und furchtbare Bedeutung hatten, werden heute von diesem nachdenklichen Volk in etwa demselben Geist nachgeahmt, wie die Bürger von Coventry die Geschichte von Lady Godiva wiederbeleben. Dasselbe geschah beim Kriegstanz am nächsten Tag. Zwei- oder dreitausend Männer, nackt und für den Krieg bemalt, rannten wild hin und her zum Trommeln und zu barbarischer Musik, mit allen Anzeichen von Ernsthaftigkeit und sogar Raserei. Doch ein paar Minuten später lachten sie einander verlegen an und verneigten sich vor uns wie Schauspieler vor dem Vorhang, und der Premierminister hielt eine Rede, in der er erklärte, dass dies eine Nachstellung der schlechten alten Zeiten zu unserem Nutzen sein sollte. Tatsächlich waren die Krieger so ungewohnt geworden, Waffen zu tragen, dass nicht einer von zehn einen Speer finden konnte, mit dem er sich bewaffnen konnte, und sie mussten mit Stöcken und anderen Bühnenrequisiten kommen.

Sogar ein komisches Element wurde in Form eines Kriegers bereitgestellt, der auf lächerliche Weise überall bemalt war und von zwei anderen mit einem um seine Mitte gebundenen Seil festgehalten wurde. Uns wurde gesagt, dass dies „der tapferste Mann der Armee" war, der zurückgehalten werden musste, damit er nicht zu früh in die Schlacht stürzte. Es ist nicht einfach, den Hauch von ehrlichem Spaß und guter Laune zu vermitteln, der diese seltsamen Darbietungen durchdrang, oder den intellektuellen Fortschritt zu messen, den die Haltung der Baganda ihnen gegenüber mit sich brachte.

KRIEGSTANZ IN KAMPALA.

Der Kabaka gab uns in seinem Haus Tee. Es ist ein komfortables europäisches Gebäude, recht klein und bescheiden, aber hübsch eingerichtet und mit bekannten englischen Drucken und Porträts von Königin Victoria und König Edward geschmückt. Allmählich überwand er seine Schüchternheit und erzählte mir, dass er Fußball mehr als alles andere mochte und dass seine mathematischen Studien bis zu „GCM“ fortgeschritten waren, Initialen, die bei mir immer wieder unangenehme Erinnerungen an den Schultag wachrufen. Er kann einen sehr guten Brief auf Englisch schreiben, reitet gut auf einem schönen Pony und wird wahrscheinlich ein gebildeter und gebildeter Mann werden. Alles in allem ist es ein sehr erfreuliches Schauspiel, im Herzen Afrikas und inmitten so viel Barbarei, Elend und Gewalt diese Insel der sanften Manieren und der friedlichen Zivilisation zu finden.

Der nächste Tag war eine einzige nicht enden wollende Pilgerfahrt. Ich habe beschrieben, wie Kampala unter den Blättern der Bananenhaine an den Hängen vieler Hügel liegt. Jeder Hügel hat seine besonderen Bewohner und seinen Zweck. Jede der verschiedenen christlichen Missionen hat einen eigenen Hügel, und in den schlechten alten Zeiten galt ein Maxim-Gewehr keineswegs als ungeeignete Hilfe für christliche Bestrebungen. Es wäre jedoch sehr unfair, den Missionaren vorzuwerfen, sie hätten die Fehden und Kämpfe verursacht, die Uganda vor zwölf Jahren erschütterten. Der Zufall, dass die Trennlinie zwischen französischem und britischem Einfluss auch die Trennlinie zwischen katholischen und protestantischen Konvertiten war, verlieh dem, was in Wirklichkeit ein heftiger politischer Streit war, einen religiösen Anstrich. Diese Probleme sind nun definitiv vorbei. Die Ankunft einer englischen katholischen Mission hat verhindert, dass sich nationale Rivalitäten und religiöse Unterschiede gegenseitig erbittern. Die Errichtung einer stabilen Regierung und die Beseitigung aller Zweifel über die Zukunft Ugandas haben zu einem völligen Nachlassen der Streitigkeiten unter ergebenen Männern geführt, die sich einer edlen Arbeit widmen. Es herrscht nicht nur Frieden zwischen den verschiedenen christlichen Missionen untereinander, sondern die Regierung Ugandas ist weit davon entfernt, die Missionstätigkeit mit bitterer Missbilligung zu beobachten. Vielmehr ist sie sich der unschätzbaren Dienste bewusst, die die Missionen der einheimischen Bevölkerung geleistet haben und täglich leisten, und es bestehen ausgezeichnete Beziehungen.

DIE MISSION DER WEIßEN VÄTER IN KAMPALA.

Im Dienst kletterte ich einen Hügel nach dem anderen und bemühte mich, mich mit den Einzelheiten der Missionsarbeit in Kampala vertraut zu machen. Es umfasst jede Form moralischer und sozialer Aktivität. Abgesehen von ihrer spirituellen Arbeit, die hier keiner Fürsprache bedarf, haben die Missionare das gesamte Bildungssystem des Landes übernommen und pflegen es nun. Sie haben viele ausgezeichnete Schulen gebaut und Tausenden jungen Baganda wird das Lesen und Schreiben in ihrer eigenen Sprache beigebracht. Das ganze Land ist mit Nebenmissionsstationen übersät, von denen jede ein Zentrum philanthropischer und christlicher Bemühungen ist. Im Zusammenhang mit allen Missionen gibt es gute Krankenhäuser mit kompetenten Ärzten und Krankenschwestern oder Wohltätigkeitsschwestern. Das größte davon gehört der Church Missionary Society und ist ein Beispiel dafür, wie ein Tropenkrankenhaus für Einheimische aussehen sollte. Zu diesen Diensten wird nun auch die technische Ausbildung hinzugefügt, und es bleibt zu hoffen, dass die Regierung dabei mitwirken kann. Ich kenne keinen anderen Teil der Welt, in dem missionarischer Einfluss und Unternehmungsgeist so wohltuend ausgeübt wurden oder wo wertvollere Ergebnisse erzielt wurden.

Auf dem Namirembe-Hügel, wo die Church Missionary Society ihren Hauptsitz hat, wurde aus sehr primitiven Materialien eine wirklich schöne Kathedrale mit drei hohen, malerischen, strohgedeckten Türmen erbaut; und dies ist fast das einzige Gebäude in Uganda, das den geringsten Versuch einer architektonischen Darstellung bietet. Unter diesem Hintergrund war ich am Nachmittag des 20. November damit beschäftigt, ein Gymnasium für Schüler zu eröffnen, die fortgeschrittener sind, als in den bestehenden Einrichtungen unterrichtet werden können. Ein großes und gut gekleidetes Publikum, Einheimische und Europäer, füllte einen großen Raum. Die Gelehrten drängten sich in einer dichten Masse weiß gekleideter Jugendlicher auf dem Boden zusammen. Der Kabaka und Sir Apolo Kagwar, der selbst fünf Söhne in der Schule hat, standen auf dem Podium. Den Vorsitz führte der Gouverneur. Der Bischof hielt eine Rede. Die Schüler sangen englische Lieder und Hymnen in sehr guter Melodie und Rhythmus. Es war erstaunlich, die an der Wand hängende Karte des Britischen Empire zu betrachten und zu erkennen, dass sich all dies in der Nähe der nordwestlichen Ecke des Victoria Nyanza abspielte.

Von Kampala nach Munyonyo, dem heutigen Hafen am See, sind es acht Meilen, und diese Strecke legten wir in Rikschas auf einer schrecklichen Straße zurück. Munyonyo selbst ist kaum mehr als ein Anlegesteg und ein paar Schuppen, aber es ist ein sehr gutes Beispiel für die heilsame Wirkung der Abholzung von Buschland und Wald. Moskitos und Tsetseviren wurden aus dem gerodeten Gebiet vollständig verbannt, und ein Ort, der vor einem Jahr noch eine Todesfalle war, ist jetzt vollkommen sicher und gesund. Es gibt derzeit Pläne, etwas weiter entlang der Küste an einem Punkt, der nur fünf Meilen von Kampala entfernt ist, einen neuen Hafen zu bauen; und wenn dieser, wie es sein muss, durch eine Einschienenbahn mit der Hauptstadt verbunden ist, gibt es allen Grund, einen beträchtlichen und wachsenden Handel zu erwarten.

Die *Sir William Mackinnon* , ein ehrwürdiges Schiff der Uganda Marine, erwartete unsere Gruppe, und wir dampften auf dem glatten Wasser des Sees durch ein Archipel wunderschöner Inseln – eine einladender als die andere – und alle von der Schlafkrankheit entvölkert . Den ganzen Tag über fuhren wir in diesen geschützten Gewässern, und am Abend führten uns die Lichter von Jinja zu unserem Ziel. Man kann nicht umhin, das Glück zu bewundern, das Speke zu seiner aufregenden Entdeckung der Nilquelle führte. Am Nordufer des Viktoriasees gibt es fünfhundert Golfe und Buchten, und dieser unterscheidet sich in nichts von den anderen. Für den gewöhnlichen Seefahrer ist keine Strömung wahrnehmbar, bis er sich nur wenige Meilen von den Stromschnellen entfernt befindet, und obwohl die Vermutung, dass es bei einem so großen Süßwasserkörper irgendwo einen Überlauf geben würde, eine starke Wahrscheinlichkeit hatte, hätte der Forscher nach einem solchen suchen können Jahr, ohne den Platz zu finden. Stattdessen ließ er sich treiben und paddelte sanft dahin, bis ihn plötzlich das Rauschen eines fernen Wasserfalls und die leichte Beschleunigung seines Kanus zum lang ersehnten Geburtsort des wunderbarsten Flusses der Welt lockten.

Es war dunkel, als wir in Jinja landeten, und ich konnte die Vorbereitungen für unseren Empfang durch die örtlichen Häuptlinge und die indischen Händler, von denen eine beträchtliche Menge da war, nicht richtig sehen. Die Dunkelheit, sonst ein Grund zur Enttäuschung, bot die Gelegenheit für genau die Art von mutiger Tat, zu der man einen britischen Offizier so oft bereit sieht. Als das Gepäck vom Dampfer auf den Steg verladen wurde, rutschte ein armer Kuli unter seiner Ladung aus und wurde augenblicklich von den tiefen schwarzen Gewässern darunter verschlungen. Woraufhin ein junger Zivilist der politischen Abteilung ihm in der Dunkelheit und zwischen den Krokodilen nachsprang und ihn sicher und unversehrt herausfischte, eine bewundernswerte Tat, die seitdem die Anerkennung der Royal Humane Society gefunden hat. Ich bin nicht ganz sicher, ob in allen Teilen Afrikas ein so hoher Standard an Ehre und Respekt für das Leben des bescheidenen Eingeborenen herrschen würde.

Jinja wird in der zukünftigen Wirtschaft Zentralafrikas eine sehr wichtige Rolle spielen. Da es an der Stelle liegt, wo der Nil aus dem Großen See fließt, ist es zugleich die einfachste Wasserverbindung zum Albertsee und zum Sudan und verfügt auch über große Wasserkraft. In den kommenden Jahren könnten die Ufer dieser herrlichen Bucht mit langen Reihen komfortabler tropischer Villen und imposanter Bürogebäude geschmückt sein und die Nilschlucht voller Fabriken und Lagerhäuser. Es gibt genug Energie, um die gesamte Baumwolle zu entkörnen und das gesamte Holz Ugandas zu sägen, und hier wird sicherlich eines der wichtigsten Handelszentren für tropische Produkte entstehen. Unter diesen Umständen ist es schade, der Stadt einen ausgefallenen Namen zu verpassen. Es wäre viel besser, sie Ripon Falls zu nennen, nach den wunderschönen Kaskaden, die darunter liegen und deren Kraft ihren zukünftigen Wohlstand begründen wird.

Die Ripon-Fälle sind schon an sich einen Besuch wert. Der Nil entspringt dem Victoriasee, einem riesigen Gewässer, das fast so breit ist wie die Themse an der Westminster Bridge, und dieser imposante Fluss stürzt in glatten, wirbelnden Abhängen aus grünem Wasser eine 15 bis 20 Fuß tiefe Felstreppe hinunter. Es wäre ganz einfach, den ganzen Fluss zu bändigen und den Nil seine lange und segensreiche Reise ins Meer beginnen zu lassen, indem er durch eine Turbine springt. Möglicherweise könnte nirgendwo sonst auf der Welt eine so enorme Wassermasse durch so wenig Mauerwerk zurückgehalten werden. Zwei oder drei kurze Dämme von Insel zu Insel über die Fälle hinweg würden es ermöglichen, mit unvorstellbar geringem Aufwand den gesamten Wasserstand des Victoriasees - auf einer Fläche von 150.000 Quadratmeilen - allmählich um 6 bis 7 Fuß anzuheben; die verfügbare Wasserkraft würde erheblich erhöht; das Wasser in der Kavirondo-Bucht würde vertieft, um Dampfschiffe mit viel größerem Tiefgang durchzulassen; Und schließlich könnte der Wasserstand des Sees gleichmäßig gehalten werden, so dass riesige sumpfige Küstengebiete, die je nach Niederschlagsmenge mal überflutet, mal freigelegt sind, entweder in klares Wasser oder in trockenes Land umgewandelt würden, was dem Menschen zugute käme und zu einer unkalkulierbaren Vernichtung der Moskitos führen würde.

DIE RIPON-FÄLLE (Quelle des Nils).

Während man die wogenden Wasser der Ripon Falls beobachtet und versucht, die gewaltigen Energien zu berechnen, die jetzt verschwendet werden, aber alle innerhalb der Reichweite der modernen Wissenschaft liegen, taucht das Problem Ugandas in einer neuen Form auf. Die gesamte Wasserkraft gehört dem Staat. Sollte es jemals an Privatpersonen abgegeben werden? Wie lange ist andererseits eine Regierung berechtigt, anderen den Weg zu versperren, wenn sie nicht bereit ist, selbst zu handeln? Diese Frage wird in fast allen großen Abhängigkeiten der Krone in vielfältiger Form aufgeworfen. Aber in Uganda scheinen die Argumente für das Staatseigentum und die Nutzung der natürlichen Ressourcen des Landes in ihrer stärksten und eindrucksvollsten Form vorzuliegen. Uganda ist ein Heimatstaat. Es darf nicht mit einer jener Kolonien verglichen werden, in denen es bereits eine weiße Bevölkerung gibt, noch wiederum mit denen, die von Stämmen nomadischer Barbaren bewohnt werden. Es findet sein Gegenstück in den großen indischen Bundesstaaten, wo die kaiserliche Autorität im Namen und oft durch die Vermittlung eines einheimischen Prinzen und seiner eigenen Offiziere ausgeübt wird.

Diese Kombination aus externem Verstand und einheimischer Hand führt zu einer Regierungsform, die für die Bevölkerungsmehrheit oft sehr akzeptabel ist, da sie nicht mit plötzlichen oder willkürlichen Veränderungen des seit langem gewohnten Erscheinungsbilds der Dinge konfrontiert ist. Aber sie erfordert eine Verwaltung der Angelegenheiten in einem Grad an Komplexität und Feinheit, der bei einfacheren und gröberen Systemen fehlt. Unter solchen Umständen gibt es nicht viel Raum für den Ansturm und die Dynamik gewöhnlicher kommerzieller Unternehmungen. Der geschäftige Geschäftsmann – der sich hervorragend für das raue und wilde Wettbewerbsumfeld in Europa oder Amerika eignet – wird zu einer unpassenden und sogar gefährlichen Figur, wenn er in die reibungslose und gemächliche Entwicklung eines einheimischen Staates eingeführt wird. Die Baganda werden weder moralisch noch materiell von der Berührung mit modernen Geldmachern oder modernen Geldmachern profitieren. Wenn ein Mann nur für den Gewinn seines Unternehmens arbeitet und nur nach den finanziellen Ergebnissen beurteilt wird, eignet er sich unter der Sonne Zentralafrikas nicht oft die beste Methode an, mit Einheimischen umzugehen; und jedes plötzliche Eindringen von Unternehmen in die Wälder und Gärten Ugandas wird mit allen möglichen Schwierigkeiten und Problemen einhergehen. Und selbst wenn das Land durch diese Agenturen schneller entwickelt wird, werden die Gewinne nicht der Regierung und dem Volk Ugandas zugutekommen, um neue Industrien zu fördern, sondern an verschiedene Personen auf der anderen Seite des Meeres, die sich nicht, außer rein kommerziellen, für das Schicksal des Landes interessieren. Dies soll nicht dazu aufrufen, privates Kapital und Unternehmen willkürlich aus Uganda auszuschließen. Es wird zweifellos sorgfältig gelenkte und streng kontrollierte Möglichkeiten für ihre Aktivitäten geben. Aber die natürlichen Ressourcen des Landes sollten, soweit möglich, von der Regierung selbst erschlossen werden, auch wenn dies die Übernahme vieler neuer Funktionen mit sich bringen kann.

Tatsächlich dürfte es schwer sein, ein Land zu finden, in dem die Bedingungen für ein praktisches Experiment des Staatssozialismus günstiger wären als in Uganda. Das Land ist reich, die Menschen friedlich und fleißig. Es gibt keine großen Unterschiede zwischen den Klassen. Ein Grundnahrungsmittel deckt den Bedarf der gesamten Bevölkerung und wird fast ohne menschliches Zutun selbst erzeugt. Es gibt keine europäischen Interessen, die den Weg versperren. Nirgendwo sind die Befugnisse der Regierung, die Aktivitäten des Volkes zu regeln und zu lenken, überwältigender oder umfassender. Die Herrscher verfügen über ein überwältigendes Wissensüberlegenheitsvermögen. Sie üben ihre Kontrolle über die Eingeborenen über fast alle Kanäle aus, und neben den weltlichen Autoritäten – den einheimischen und den kaiserlichen – gibt es den geistigen und erzieherischen Einfluss der Missionare, die dem regulären Staatsapparat menschliches Mitgefühl und moralische Ernsthaftigkeit einflößen.

Die erste und vielleicht größte Schwierigkeit, der sich der europäische Sozialist gegenübersieht, ist die Wahl der Herrscher, denen die absolut furchterregenden Machtbefugnisse anvertraut werden sollen, die für eine kommunistische Gesellschaft unverzichtbar sind. Wenn man bei Bedarf eine Rasse von Lebewesen von einem benachbarten Planeten beziehen könnte, deren praktische Überlegenheit in Tugend, Wissenschaft, Weisheit und Stärke so offensichtlich wäre, dass sie allgemein anerkannt wäre, würde diese Schwierigkeit verschwinden, und wir könnten gelassen der Entscheidung der Volkswahlen mit all ihren Nachteilen und Vorteilen entgegensehen. Aber ohne diese Regelung bleibt das Problem, wie Herrscher ausgewählt werden und wie sie nach ihrer Auswahl kontrolliert oder ersetzt werden sollen, die erste Frage der Politik, selbst in Zeiten, in denen die Funktionen der Regierung im Allgemeinen auf die bescheidenen Grenzen des *Laissez-faire* *beschränkt sind*.

In Uganda gibt es diese Schwierigkeit jedoch nicht. Eine Klasse von Herrschern wird von einer externen Macht gestellt, die den Baganda ebenso fernsteht und ihnen in allem, was ihre Führungsfähigkeit ausmacht, so überlegen ist, wie Mr. Wells' Marsianer es für uns gewesen wären. Die britische Verwaltung ist an ihrem *Personal* absolut uneigennützig. Die Beamten beziehen ihr Gehalt, und das ist alles. Sie haben keinen anderen Zweck zu erfüllen als die Verbesserung des Landes und die Zufriedenheit seiner Bevölkerung. Nach diesem Maßstab und nur nach diesem Maßstab werden sie beurteilt. Auf keine andere Weise können sie Anerkennung oder Ruhm gewinnen. Darüber hinaus werden sie bei der Ausübung ihrer Funktionen von einer übergeordneten Autorität kontrolliert, die speziell in dieser Art der Verwaltung unterwiesen ist und selbst einem demokratisch gewählten Parlament Rechenschaft schuldet. An keiner Stelle der gesamten Befehlskette gibt es Raum für Korruption, Usurpation oder grobe Ineffizienz.

Es ist klar, dass dem Staat in Bezug auf die Arbeit seiner Bürger größere Befugnisse anvertraut werden könnten, als privaten Arbeitgebern jemals zugestanden würden. Die Untertanen jeder europäischen Macht haben die Verpflichtung zum Militärdienst akzeptiert, um ihre jeweiligen Länder vor Angriffen von außen zu schützen. Die Baganda, die von dieser harten Besessenheit befreit sind, haben keine höhere Pflicht, als das schöne Land, in dem sie leben, zu kultivieren und zu entwickeln. Und wenn es darum ginge, die Industrie einer ganzen Bevölkerung auf einer menschlichen und ehrenhaften Grundlage wissenschaftlich zu organisieren und die gesamten Früchte ihrer Arbeit zu ihrer eigenen Bereicherung und ihrem Aufstieg zu verwenden, werden wahrscheinlich keine besseren Bedingungen gefunden werden als diejenigen, die jetzt in Uganda bestehen.

Es könnte sich jedenfalls lohnen, ein solches Experiment durchzuführen, und sei es nur als Auftakt zu den allgemeineren Anwendungen der Prinzipien des Sozialismus, die in manchen Kreisen für so notwendig gehalten werden.

KAPITEL VII

„AUF SAFARI"

Jetzt muss der Leser wirklich auf die Karte schauen. Bis hierher sind wir mit der Bahn und dem Dampfschiff mit der ganzen Kraft und Schnelligkeit moderner Kommunikation gefahren. Wenn wir wilde und einsame Länder durchquert haben, dann in einem Eisenbahnwaggon. Wir haben den Löwen mit der Lokomotive gestört, und alle unsere Ausflüge führten nur zurück zur Eisenstraße. Aber in Ripon Falls müssen wir die Maschinen loslassen. Dampf und alles, was er bedeutet, ist abzustellen. Wir sollen „den Maler zerschneiden" und, nachdem wir den Antrieb des großen Schiffes verloren haben, eine Zeit lang in unserem eigenen kleinen Hahnenboot auf einer riesigen Fläche herumpaddeln. Zurück nach Mombasa umfasst die dreitägige Reise eine Strecke von 900 Meilen. Vorwärts, Sie werden das Glück haben, in der gleichen Zeit vierzig zu schaffen. Die Rückkehr ist in diesem Moment schnell und einfach. In einer Woche wird es vielleicht unmöglich sein. Weitergehen heißt durchgehen.

Überall werden große Verbindungswege nach Afrika gebaut. Wir sind fast tausend Meilen lang einer Linie gefolgt, die vom Osten in Richtung Zentrum führt. Weit entfernt vom Norden wurde durch die britischen Friedens- und Kriegsbemühungen eine weitere Linie vorangetrieben. Von Alexandria bis Kairo, von Kairo bis Wady Halfa, von Halfa bis Berber, von Berber bis Khartum, von Khartum bis Fashoda, von Fashoda bis Gondokoro, über eine Entfernung von fast dreitausend Meilen, erstreckt sich ein ununterbrochener Dienst von Zügen und Dampfschiffen. Aber zwischen der Anlegestelle in Jinja und der Anlegestelle in Gondokoro öffnet sich eine weite Kluft noch unüberbrückter, unüberwundener Wildnis und Dschungel, durch die und durch die der Reisende mühsam und im Schritttempo kriechen muss, immer unter Schwierigkeiten und nie völlig gefahrlos. Es ist diese Kluft, die wir nun überwinden müssen.

ZWISCHEN NIMULE UND GONDOKORO.
Kapitän Lesen. Herr Marsh. Goldie. Herr Ormsby.Col. Wilson. Herr Churchill. Kapitän Dickinson. Leutnant. Fishbourne, RE

Die Entfernung vom Victoriasee zum Albertsee beträgt in direkter Linie etwa 300 Kilometer, und es geht nur bergab. Der Große See erhebt sich hoch über den höchsten Berggipfeln Englands. Von diesem riesigen, erhöhten Binnenmeer fließt das herabfließende Nilwasser durch einen 4.500 Kilometer langen Kanal ins Mittelmeer. Die erste und steilste Etappe seiner Reise führt zum Albertsee. Dieses zweite Gewässer, das, wenn man es nicht mit dem Victoriasee vergleicht, beeindruckend wäre – es ist mehr als 160 Kilometer lang – liegt auf einer Höhe von 600 Metern über dem Meeresspiegel. So verbraucht der Nil auf seinen ersten 300 Kilometern in der überschwänglichen Unbekümmertheit der Jugend etwa ein Drittel der Triebkraft, die ihn durch seinen ehrwürdigen Lauf tragen soll. Doch dieser beträchtliche Abstieg von 360 Metern wird selbst in zwei kurzen Schritten bewältigt. Es gibt eine Reihe von Stromschnellen, 30 Kilometer lang, unterhalb der Ripon-Fälle und eine weitere von gleicher Länge oberhalb der Murchison-Fälle. Zwischen diesen beiden Abhängen bilden lange Abschnitte des offenen Flusses und die weite, ebene Fläche des Lake Chioga einen schönen Wasserweg.

Unsere Reise von einem großen See zum anderen teilte sich daher in drei Etappen. Drei Märsche durch den Wald nach Kakindu, dem ersten Punkt, an dem der Viktoria-Nil nach den Stromschnellen schiffbar ist; drei Tage in Kanus entlang des Nils und über den Chioga-See; und schließlich fünf Märsche vom westlichen Ende des Chioga-Sees bis zum Albert Nyanza. Darüber hinaus würden uns wiederum vier Tage in Kanus und stählernen Segelbooten, gezogen von einer Barkasse, nach Nimule bringen, wo die

Stromschnellen des Weißen Nils beginnen, und von dort aus würden wir in sieben oder acht Märschen die Sudan-Dampfer erreichen Gondokoro. Somit würden in zwanzig Tagen etwa fünfhundert Meilen zurückgelegt werden. Wenn Züge und Dampfer genau passten, würde die Rückfahrt über Mombasa und Suez nach London etwa genauso lange dauern.

Am frühen Morgen des 23. November machte sich unsere Gruppe auf den Weg zu dieser Reise. Das Reisen in Märschen von Lager zu Lager ist für den durchschnittlichen zentralafrikanischen Offizier ein fester Bestandteil im Leben. Er geht „auf Safari", während der Bure „auf Trekking" geht. Es handelt sich um einen anerkannten Zustand, der oft Wochen, manchmal auch Monate anhält. Er lernt, sich eine zehntägige „Safari" so vorzustellen, wie wir zu Hause an eine Reise nach Schottland denken, und eine zwanzigtägige „Safari", als wäre sie weniger als die Reise nach Paris. „Safari" ist selbst ein Swahili-Wort arabischen Ursprungs und bedeutet „Expedition" und alles, was damit zusammenhängt. Es umfasst Sie selbst und jeden und alles, was Sie mitnehmen – Lebensmittel, Zelte, Gewehre, Kleidung, Köche, Diener, Eskorte, Träger – aber insbesondere Träger. Außerhalb des Dampfbereichs ist der Träger der Hauptfaktor. Diese zerlumpte Gestalt, die unter ihrer Last schwankt, ist die Einheit der Fortbewegung und die Grenze des Möglichen. Ohne Träger können Sie sich nicht bewegen. Mit ihnen legt man, wenn alles in Ordnung ist, zehn bis zwölf Meilen am Tag zurück. Wie viel kann er tragen? Wie weit kann er es tragen? Dies sind die Fragen, die Ihre Berechnungen und Ihr Schicksal gleichermaßen bestimmen.

Jeden Morgen werden die Träger in Gruppen von etwa zwanzig Personen aufgeteilt, die jeweils ihrem Vorgesetzten unterstehen. Auch die Ladungen, die durchschnittlich etwa 25 Kilogramm wiegen sollen, sind grob parzelliert. Während jede Ladung losgeht, stürmt die nächste auf den nächsten Lastenhaufen zu, und es gibt eine Viertelstunde Geschrei und Gedränge – die stärksten Männer rennen geradewegs auf die am leichtesten aussehenden Ladungen zu und werden von ihnen abgewehrt der grimmige, aber redselige Häuptling, der Schwächste, der schwach weinend neben einem bergigen Haufen weint, bis eine Verteilung mit grober Gerechtigkeit erreicht wurde, und die Truppe ihrerseits marschiert mit unbeschreiblichem Jubelschrei davon, was den Geist bezeugt und ihm dient, in dem sie die Aufgaben des Tages zu erfüllen gedenkt Reise.

Während diese Probleme unvollkommen gelöst wurden, ging ich mit dem Gouverneur und einem der Ingenieuroffiziere zu den Ripon Falls hinunter, die nur eine halbe Meile vom Haus des Kommissars entfernt sind und deren Wasserrauschen die Luft erfüllte. Obwohl der Katarakt sowohl in der Höhe als auch im Volumen von mittlerem Ausmaß ist, ist sein Aussehen – und noch mehr seine Lage – beeindruckend. Der Ausgang oder Überlauf des Großen Sees ist durch einen natürlichen Wall oder Grat aus schwarzem Fels verschlossen, der in zwei Hauptspalten gebrochen oder abgetragen ist, um das Wasser freizulassen. Durch sie erwacht der Nil augenblicklich zu majestätischem Wesen und nimmt seinen Lauf als perfekter Fluss mit einer Breite von dreihundert Metern an. Wenn man auf der Rückseite der Felswand steht, ist der Blick fast auf einer Ebene mit den leuchtenden Ebenen des Sees. Zu Ihren Füßen, buchstäblich einen Meter entfernt, rast ein riesiger grüner Wasserhang nach unten. Unten gibt es schäumende Stromschnellen, gesäumt von prächtigen Bäumen und Teiche, aus denen im Sonnenlicht ständig große Fische springen. Wir müssen drei Stunden damit verbracht haben, das Wasser zu beobachten und Pläne zu schmieden, um es einzuspannen und zu zügeln. So viel Macht, die verschwendet wird, so ein Vorteil, der nicht eingenommen wird, so ein Hebel zur Kontrolle der Naturkräfte Afrikas, der nicht in der Hand liegt, kann nur ärgerlich sein und die Fantasie anregen. Und was für ein Spaß, wenn der uralte Nil seine Reise beginnt, indem er durch eine Turbine taucht! Aber zu unserer Geschichte.

WALDSZENE IN DER NÄHE DER RIPON FALLS.

Die Träger waren inzwischen weit gekommen, und wir mussten ihnen durch die gleißende Mittagshitze hinterher. Der Gouverneur von Uganda und seine Beamten müssen mit dem Dampfer nach Entebbe zurückkehren, also verabschiede ich mich hier von ihnen und wünsche ihnen viel Glück. Nach einem letzten Blick auf die Ripon Falls, die unter mir glitzern und widerhallen, klettere ich die Hänge des Flussufers hinauf und gehe in den Wald. Der natürliche Pfad verlief nordöstlich vom Nil und führte in eine hügelige und dicht bewaldete Gegend. Das Elefantengras auf beiden Seiten des Pfades war fünf Meter hoch. In den Tälern wuchsen große Bäume, die sich über unseren Köpfen wölbten, durchzogen und verflochten mit Vorhängen aus blühenden Kletterpflanzen. Hier und da öffnete sich rechts oder links eine Lichtung, und Flecken hellen Sonnenlichts fielen in die Dunkelheit. An den Kreuzungen kleiner Bäche tanzten Schmetterlinge in strahlenden Balletten. Viele Vogelarten flogen um die Bäume herum. Im Dschungel wimmelte es von Wild, das sich in seinem dichten Gewirr völlig verloren hatte. Und ich glaube, es ist ein ganz besonderes Erlebnis, auf eigenen Füßen und mit dem Stab in der Hand diese geheimnisvollen Pfade entlang zu gehen, inmitten einer so schönen und doch unheimlichen Umgebung, und sich bewusst zu werden, dass man sich tatsächlich im Zentrum Afrikas befindet und weit weg von Piccadilly oder Pall Mall.

Unser erster Marsch war etwa vierzehn Meilen lang, und da wir erst mit Beginn der heißen Tagesstunden begonnen hatten, reichte es für mich aus und war überflüssig. Bergauf und bergab wanderte unser Weg, mal tauchte er in die Dämmerung eines Waldtals, mal schlängelte er sich den Hang eines verbrannten Hügels hinauf, und ich hatte schon seit einiger Zeit gehofft, hinter jeder Ecke das Lager zu sehen, wenn es endlich soweit wäre wir haben es erreicht. Es bestand aus zwei Reihen grüner Zelte und einem großen „Banda", einem Rasthaus, so groß wie eine große Scheune in England, das auf einer schönen, gepflegten Lichtung stand. Diese „Bandas" sind ein großartiges Merkmal afrikanischer Reisen; und der pflichtbewusste Häuptling, durch dessen Territorium wir reisen, hatte sich Mühe gegeben, sie in größtmöglichem Umfang anzufertigen. Es dauerte nicht lange, bis er mit Geschenken aller Art erschien. Ein schlaksiges, schwarzgesichtiges Schaf mit einem fetten Schwanz, so groß wie ein Kürbis, wurde von zwei Dienern meckernd vorwärtsgezerrt. Andere brachten lebende Hühner und Tonkrüge mit Milch und Körbe mit kleinen runden Eiern. Der Häuptling war ein großer, intelligent aussehender Mann mit dem gewinnenden Lächeln und den attraktiven Manieren, die für das Land typisch sind, und er grüßte mit einem Hauch von Würde und Freundschaft.

PALME IN DER NÄHE VON ASUA.

BANDA MIT ESKORTE DER KING'S AFRICAN RIFLES.

Das Haus, das er für uns vorbereitet hatte, war aus Bambusgerüst gebaut, das auf einer zentralen Reihe Y-förmiger Baumstämme ruhte. Es hatte ein steiles Dach, das dick mit Elefantengras gedeckt war, und Wände aus Flechtwerk. Die Böden afrikanischer „Bandas" sind, wenn sie frisch gebaut sind, wunderschön glatt und sauber und mit frischem, grünem Schilf bestreut. Der Innenraum ist oft geschickt in verschiedene Räume unterteilt, und das Hauptgebäude ist durch von Verandas beschattete Gänge mit Küchen und Büros von der gleichen dürftigen Beschaffenheit verbunden. Tatsächlich zeugen sie von einem hohen Maß an gesellschaftlichem Wissen und Geschmack bei den Eingeborenen, die sie mit fast unglaublicher Geschwindigkeit aus der Vegetation des umgebenden Dschungels bauen. Und das Gefühl, einen dieser hohen, dunklen, kühlen und geräumigen Innenräume zu betreten und in das weiche Schilfbett des Bodens zu sinken, mit etwas zu trinken, das jedenfalls nicht lauwarm ist, entschädigt für die grellen Strapazen eines Marsches unter der Äquatorsonne. Allerdings ist die „Banda" ein Luxus, vor dem sich der Reisende in Acht nehmen sollte, denn wenn sie länger als eine Woche steht, wird sie zur Heimat unzähliger Insekten, von denen viele als bösartig und giftig gelten. Beim Schlafen in alten Unterständen oder auf verlassenen Campingplätzen zieht man sich fast immer das Spirillumfieber zu.

Das Leben „auf Safari" wird mit einem Gefühl der Vollkommenheit und selbstzufriedener Losgelöstheit belohnt. Sie müssen jeden Tag so viele Kilometer zurücklegen, und wenn Sie sie geschafft haben, ist die Arbeit Ihres Tages vorbei. Es handelt sich um ein einfaches Programm, das keine Wünsche und Ansprüche offen lässt. Sehr früh am Morgen, oft eine Stunde vor Tagesanbruch, erklangen die Signalhörner der King's African Rifles. Jeder zieht sich eilig bei Kerzenlicht an, isst ein trübes Frühstück, während die Morgendämmerung naht; Zelte brechen zusammen und Träger kämpfen mit ihren Lasten davon. Dann beginnt der Marsch. Das Offensichtliche ist, zu Fuß zu gehen. Es gibt keinen sichereren Weg, in Uganda gesund zu bleiben, als zwölf oder vierzehn Meilen pro Tag zu Fuß zu gehen. Aber wenn der Reisende sich nicht die Mühe machen möchte, gibt es Alternativen. Da ist die Rikscha, die im letzten Kapitel beschrieben wurde – erholsam, aber langweilig; und die Sänfte, die auf den Köpfen von sechs unterschiedlich großen Trägern getragen und hin und wieder mit einem entmutigenden Ruck auf ihre Schultern und wieder zurück geschoben wird – das ist genauso unangenehm, wie es klingt. Ponys können nicht oder zumindest nicht in Uganda leben, obwohl der Polizeichef gerade ein Experiment mit ihnen machen wollte, der davon überzeugt ist, dass sie bei wirklich sorgfältiger Stallführung, die der Besitzer selbst bis ins Detail durchführt, sie nicht überleben können könnte zum Blühen gebracht werden. Maultiere haben eine bessere Chance, wenn auch immer noch keine gute. Wir nahmen eines mit auf den letzten Teil der „Safari" nach Gondokoro und erfuhren, dass es mit Sicherheit sterben würde; aber wir haben es anscheinend in ausgezeichnetem Zustand und guter Stimmung hinterlassen.

EIN LAGER.

Aber die beste aller Fortbewegungsmethoden in Zentralafrika – so erstaunlich es auch erscheinen mag – ist das Fahrrad. In der Trockenzeit bieten die von den Füßen der Eingeborenen geebneten Pfade durch den Busch einen hervorragenden Untergrund. Selbst wenn die Strecke nur 60 cm breit ist und der dichteste Dschungel sich auf beiden Seiten erhebt und sich fast über dem Kopf trifft, gleitet das Fahrrad in gutem Tempo dahin, rauscht durch das Gras und streift die heranwachsenden Büsche; Und obwohl alle paar hundert Meter scharfe Felsen, lose Steine, ein Wasserlauf oder ein steiler Hügel zum Absteigen zwingen, kann normalerweise eine Geschwindigkeit von gut sieben Meilen pro Stunde aufrechterhalten werden. Und denken Sie darüber nach, was das bedeutet. Aus eigener Erfahrung würde ich annehmen, dass mit dem Fahrrad in Uganda regelmäßig 25 bis 30 Meilen am Tag zurückgelegt werden könnten, und wenn nur die Träger mithalten könnten, könnten alle Fahrten und der Aktionsradius jedes weißen Offiziers fast verdreifacht werden proportional erhöht.

Fast alle britischen Offiziere, die ich traf, besaßen und benutzten bereits Fahrräder, und sogar die einheimischen Häuptlinge beginnen, sich welche anzuschaffen. Aber was nötig ist, um den Plan wirksam zu machen, ist ein gutes System von steinernen, begasten, insektensicheren Rasthäusern im Abstand von 30 Meilen auf allen Hauptverbindungswegen. Eine solche Entwicklung würde eine enorme Schonung der Gesundheit der weißen Beamten und eine wertvolle Verstärkung ihrer Macht bedeuten. Hätte ich vor meiner Ankunft in Uganda selbst gewusst, welche Vorteile diese Methode bietet, hätte ich durch das einfache Mittel, die Etappen meiner

Reisen zu verdreifachen und eine Woche im Voraus Träger loszuschicken, um Lager aufzuschlagen und in großen Abständen Lebensmittel zu deponieren, viel weiter durch das Land reisen können. Und dann könnte ich, anstatt nur von einem Großen See zum anderen zu reisen, *innerhalb von innerhalb derselben Zeitspanne* haben sie das fruchtbare und bevölkerungsreiche Plateau von Toro erkundet, sind in das schöne Semliki-Tal hinabgestiegen, haben den Albertsee von einem Ende zum anderen durchquert und sind die Hänge des Ruenzori entlanggegangen. „Wenn die Jugend nur wüsste...!"
Aber der Marsch hat, wie auch immer er durchgeführt wird, ein Ende; und wenn Sie, wie empfohlen, unterwegs Halt machen, um zu frühstücken und sich auszuruhen, ist das neue Lager bei Ihrer Ankunft fast fertig. Während der Hitze des Tages zieht sich jeder in sein Zelt oder in den wirksameren Schutz der „Banda" zurück, um zu lesen und bis zum Abend zu schlafen. Wenn die Sonne dann untergeht, kommen wir heraus, um zu rauchen und zu reden, und vielleicht bleibt den Tatkräftigen gerade noch Zeit, eine Antilope zu jagen oder ein paar Perlhühner oder Tauben zu schießen.

Mit Einbruch der Dämmerung kommen die Mücken, schrill schreiend und fieberbringend; und man muss die gründlichsten Vorsichtsmaßnahmen gegen sie und andere Insektengefahren treffen. Wir essen in einem großen Moskitohaus, das ganz aus feiner Gaze besteht und etwa zwölf Fuß kubisch groß ist. Das Bettzeug, das möglichst in Blechdosen verpackt sein sollte, wird tagsüber ausgerollt und durch gut eingesteckte Moskitonetze sorgfältig vor allen Arten von Ungeziefer geschützt. Jeder zieht Moskitostiefel an – lange, weiche Ledergamaschen, die bis zu den Hüften reichen. Es wird empfohlen, sich nicht ohne eine Zeitung oder ein Kissen auf Stühle mit Rohrboden zu setzen, eine Mütze, einen Schal und möglicherweise Handschuhe zu tragen und eine schwirrende Moskitofalle mitzunehmen. So bewegt man sich vergleichsweise sicher inmitten eines Chors wilden Summens.

Zu diesen Vorsichtsmaßnahmen kommen noch weitere hinzu. Sie dürfen niemals barfuß auf dem Boden laufen, egal wie sauber er ist, sonst dringt ein abscheulicher Wurm, „Jigger" genannt, in Ihren Fuß ein und verursacht zahlreiche Wurmfortsätze und eine schmerzhafte Schwellung. Achten Sie andererseits beim Anziehen von Stiefeln oder Schuhen darauf, dass Sie diese, egal wie eilig Sie auch sein mögen, auf den Kopf stellen und hineinschauen, damit nicht ein Skorpion, eine kleine Schlange oder eine ganz furchterregende Art Tausendfüßler im Hinterhalt liegt. Werfen Sie Ihre Kleidung niemals achtlos auf den Boden, sondern legen Sie sie sofort in eine Blechdose und verschließen Sie sie gut, sonst wird sie von einer perfekten Kolonie wild bissiger Kreaturen bedrängt. Und vor allem Chinin! Für den ständigen Bewohner dieser fremden Länder kann keine Droge von großem Nutzen sein; denn entweder wird sein Schutz durch Gewohnheit verringert, oder die Dosen müssen bis zu unmöglichen Grenzen erhöht werden. Aber der Reisende, der auf einer Reise von nur wenigen Monaten durchreist, kann mit Sicherheit und mit großem Vorteil auf diese bewundernswerte Prophylaxe zurückgreifen. Über die Art der Einnahme gehen die Meinungen auseinander. Die Deutschen, mit ihrer Liebe zur Genauigkeit auch in den unsichersten Dingen, verschreiben abwechselnd an jedem siebten und achten Tag dreißig Körner. Wir folgten einem einfacheren Plan und nahmen vom Moment unserer Abreise aus Port Said bis zu unserer Ankunft in Khartum jeden Tag regelmäßig zehn Körner zu uns. Während der gesamten Reise litt niemand in meiner Gruppe auch nur einen Tag lang unter Fieber.

Unser zweiter Tagesmarsch war in Länge und Charakter ungefähr gleich, außer dass wir näher am Fluss waren, und da der Weg durch die Dämmerung des Waldes führte, sahen wir ab und zu einen Schimmer breiten Wassers zu unserer Linken. In regelmäßigen Abständen – fünf oder sechs Mal am Tag – begegneten uns lange Karawanen einheimischer Träger, die die Produkte der fruchtbaren Gebiete zwischen dem Chiogasee und dem Mount Elgon nach Jinja brachten. Nichts könnte die Notwendigkeit verbesserter Kommunikationsmittel besser zeigen als dieser aufkommende und potentielle Handel – bereit zum Beginn und auf den Köpfen schwankender Männer auf Buschpfaden voranschreitend. Im Übrigen schien das Land in der Nähe des Flusses der dichteste und undurchdringlichste Dschungel zu sein, der in seinen Tiefen sowohl seine Bewohner als auch sein Wild verbarg.

Der dritte Morgen führte uns jedoch zu „Shambas", wie die Gebiete einheimischen Anbaus genannt werden; und die Straße führte zwischen Bananen-, Hirse-, Baumwoll-, Rizinusöl- und Chiliplantagen hindurch. Hier in Usoga, wie in ganz Uganda, ist die Banane das einzige Grundnahrungsmittel. Und da diese Frucht, wenn sie einmal gepflanzt ist, von selbst wächst und sich vermehrt, ohne dass man darüber nachdenken oder sich anstrengen muss, findet sie bei den unvorsichtigen Eingeborenen besondere Gunst und ernährt sie Jahr für Jahr in gemächlichem Überfluss, bis es zu einem plötzlichen Misserfolg und einer schrecklichen Hungersnot kommt das harte Gleichgewicht der Welt wiederherstellen.

Nach einer Wanderung von zwölf Meilen und als es noch verhältnismäßig früh war – denn wir waren vor Tagesanbruch losgefahren – erreichten wir Kakindu. Der Weg führte aus dem Bananenhainwald hinab in offenere Räume und grelles Sonnenlicht, und dort vor uns lag der Nil. Schon jetzt – vierzig Meilen von seiner Quelle und fast viertausend Meilen von seiner Mündung entfernt – war er ein edler Fluss: fast eine Drittelmeile breit, mit klarem, tiefem Wasser, das majestätisch zwischen Laub- und Grünbänken dahinrollte. Die „Chioga-Flottille", bestehend aus der kleinen Dampfbarkasse *Victoria* , einem Stahlboot und zwei oder drei aus Baumstämmen gehüllten Einbaumkanus, erwartete uns; und nachdem die lange, heiße Angelegenheit, das Gepäck einzuschiffen und die einheimischen

Diener dazwischen zu drängen, abgeschlossen war, trennten wir uns von unserem ersten Tross aus Eskorten und Trägern und trieben hinaus auf die Flut.

Die nächsten drei Tage verbrachten wir auf dem Wasser – zuerst fuhren wir den Victoria-Nil hinunter, bis er in den Chioga mündet, und dann durchquerten wir die glatten, klaren Weiten dieses Sees. Jeden Abend landeten wir in Lagern, die von den Häuptlingen der Busoga vorbereitet worden waren, schlugen unsere Zelte auf, zündeten unsere Feuer an und errichteten unsere Moskitohäuser, während die Dämmerung hereinbrach und Gewitter – die zu dieser Jahreszeit häufig sind – in lebhafter Pracht am dunklen Horizont kreisten. Während der ganzen heißen Stunden des Tages lag man auf dem Boden massiver Kanus, vor der Sonne geschützt durch ein improvisiertes Dach aus Binsen und nassem Gras. Von Zeit zu Zeit belebte ein seltsamer Vogel oder, besser noch, das Gerücht eines Nilpferds – dessen Nase gerade aus dem Wasser lugte – den langsamen und schwülen Lauf der Stunden; und ein großer Felsen, voll von riesigen Krokodilen, von denen alle – mindestens zwanzig – beim ersten Schuss gemeinsam ins Wasser sprangen, bot zumindest einen wirklich beeindruckenden Anblick.

Wenn sich der Victoria-Nil dem Chiogasee nähert, weitet er sich zu weiten Lagunen, und die abfallenden Ufer aus Wald und Dschungel weichen ununterbrochenen Mauern aus Papyrusschilf, hinter denen das flache umliegende Land nicht sichtbar ist und über denen man in der Ferne nur hier und da einen vereinzelten dreieckigen Hügel erahnt, der violett leuchtet. Der See selbst ist von Ost nach West etwa fünfzig Meilen lang und elf Meilen breit, aber seine Fläche und sein Umfang werden durch eine Reihe langer Arme oder vielmehr Finger erheblich erweitert, die sich in alle Richtungen erstrecken, besonders aber nach Norden, und auf dem Wasserweg sehr weite und vielfältige Gebiete erreichen. Alle diese Arme und sogar ein großer Teil der Seemitte sind mit Schilf, Gras und Seerosen bedeckt, denn Chioga ist der erste der großen Schwämme, die der Nil mit seinem Wasser überschüttet. Obwohl man normalerweise mit einer Tiefe von etwa zwölf Fuß rechnen kann, wird die Schifffahrt durch schwimmende Unkräuter und Wasserpflanzen behindert; und wenn die Stürme über die Nordküste hinweggefegt sind, lösen sich zahlreiche mit Papyrus bedeckte Inseln mitsamt ihrer Vogel- und Tierpopulation ab und schwimmen unregelmäßig auf dem See umher, verstopfen gewohnte Kanäle und stellen den Lotsen vor Rätsel.

Einen langen Tag lang pflügte unser kleines, wackelndes Boot, das seine Kanuflotte im Schlepptau hatte, durch diese seltsame Gegend, wand sich manchmal durch eine Lichtung im Papyruswald, die kaum ein Dutzend Meter breit war, tauchte dann aber plötzlich in eine breite Flut ein und hielt oft an, um unseren Propeller aus dem Gewirr des sich ansammelnden Grüns zu befreien. In der Mitte des Sees erstrecken sich große Flächen ruhigen Wassers. Die Ufer und das Schilf verschwinden in der Ferne, und das ganze Universum wird zu einer riesigen, alles umschließenden blauen Kugel aus Himmel und Wasser, die in der Mitte von einem dünnen Band aus leuchtendem Grün umrahmt wird. Die Zeit verschwindet, und nichts bleibt übrig außer Raum und Sonnenlicht.

Währenddessen müssen wir die nördliche und insbesondere die nordwestliche Küste sorgfältig meiden, da die Eingeborenen überhaupt nicht verwaltet werden und fast alle Stämme feindselig sind. Es ist unmöglich, die Elefanten zu verfolgen, von denen es in diesen verbotenen Gebieten natürlich (so heißt es) in Hülle und Fülle wimmelt; Für Nahrung oder Treibstoff zu landen wäre gefährlich, und selbst die Annäherung könnte einen Musketenfeuerstoß oder einen Speerhagel von den noch unüberzeugten Untertanen Seiner Majestät nach sich ziehen.

Der Nil verlässt die nordwestliche Ecke des Sees bei Namasali und fließt entlang eines breiten Kanals, der über eine Meile breit ist und noch immer von massiven Papyrusmauern umgeben und mit schwimmenden Inseln übersät ist. Nach weiteren sechzig Kilometern Fahrt erreichen wir Mruli. Mruli ist ein typisches afrikanisches Dorf. Seine Bedeutung ist auf den Karten deutlicher erkennbar als vor Ort. Ein imposanter Name in großen schwarzen Buchstaben lässt auf eine bevölkerungsreiche und bedeutende Ortschaft schließen. Das einzige, was man jedoch sieht, sind zwanzig trichterförmige Grashütten, umgeben von trostlosen Sümpfen und Schilflabyrinthen, über denen Schwärme von Moskitos fieberhaft tanzten. Ein langer, geflochtener Pier war vom Festland bis zum schiffbaren Wasser gebaut worden, aber der Kanal, über den man ihn erreichen konnte, war vollständig durch eine schwimmende Insel blockiert, und diese musste mühsam aus dem Weg geschleppt werden, bevor wir an Land gehen konnten. Hier wurden wir von einer frischen Eskorte der King's African Rifles empfangen, die in Uniformen und mit militärischer Haltung blitzsauber aussahen, als befänden sie sich in Aldershot; außerdem von einer Horde frischer Träger und schließlich vom einzigen befreundeten Stamm vom Nordufer des Flusses. Und während Zelte aufgebaut, Gepäck an Land gebracht und Kochfeuer zu glühen begannen, warfen diese vierhundert wilden Speerkämpfer ihre Leopardenfelle ab und tanzten nackt in der Dämmerung.

LANDUNG IN MRULI.

KAPITEL VIII

MURCHISON FÄLLT

Wir hatten vorgehabt, beim Verlassen des Nils, wo er bei Mruli nach Norden abbiegt, direkt hinüber nach Hoima am Albertsee zu marschieren; und diese Reise über Masindi hätte vier Märsche erfordert. Aber Geschichten über die Schönheit und das Wunder der Murchison Falls hatten mich in ihren Bann gezogen, und bevor ich in Kakindu an Bord ging, hatte ich einen neuen Plan geschmiedet. Läufer wurden zum Telegraphendraht bei Jinja zurückgeschickt, und von dort aus wurde von Kampala aus eine Nachricht an Hoima gesendet, in der die Flottille, die uns dort erwartete, angewiesen wurde, zum nördlichen Ende des Albert zu dampfen und uns am Fuße der Murchison Falls zu treffen Fajao. Dorthin sollten wir nun in fünf Märschen vorrücken – zwei nach Masindi und drei weitere nach Norden zum Nil.

Die Straße von Mruli ist eine Art Dammweg durch tiefliegendes, ödes Buschland und Dschungel. Der schwere schwarze Baumwollboden, der durch die Hitze rissig und körnig geworden war, bot dem Fahrrad zu dieser Zeit eine harte, wenn auch unebene Oberfläche; aber bei Regen müssen solche Wege völlig unpassierbar werden. Je weiter man nach Westen kommt, desto besser wird das Aussehen des Landes. Die trostlosen Ebenen der Küste von Süd-Chioga liegen hinter uns und der Reisende entdeckt eine typischere Landschaft Ugandas in einer Region mit kleinen Hügeln und großen Bäumen. Bevor wir Masindi erreichen, befinden wir uns wieder in einem üppigen und schönen Land. Teiche mit glänzendem Wasser, eingebettet in sattes Grün, reflektieren die Sonnenstrahlen. Markante Steilküsten und Bergrücken erheben sich auf allen Seiten aus den unaufhörlichen Unebenheiten des Bodens. Bäche plätschern fröhlich durch felsige Kanäle. Die gelben Grasdächer vieler Dörfer lugen unter ihren Bananenhainen zwischen breiten Streifen kultivierten Landes hervor, und Häuptlinge und Dorfälteste grüßen den Fremden mit ernster, aber dennoch neugieriger Höflichkeit, während die lange „Safari" unter den Bäumen hindurchführt.

Die Hitze nimmt mit abnehmender Höhe zu, und selbst am frühen Morgen liegt die Sonne hart und schwer auf den Schultern. Um zehn Uhr ist ihre Kraft enorm. Solange die Straße aus klumpigen Klumpen schwarzer Baumwollerde bestand, war Radfahren, obwohl an manchen Stellen möglich, kaum angenehm. Aber die Veränderung der Landschaft ergibt sich aus der Veränderung des Bodens. Die Felder bestehen jetzt aus leuchtend roter Erde, die Wege aus rotem Sandstein sind an manchen Stellen vom Regen fast so glatt und fest wie Asphalt gewaschen und glitzern vor kristallinem

Staub; und als die Höhenzüge, die die Wasserscheide zwischen Lake Chioga und Lake Albert bilden, überwunden waren, glitt mein Fahrrad fast ohne Schwung vier Meilen allmählichen Abstiegs nach Masindi hinunter. Diese Station – die Residenz eines Sammlers – liegt eingebettet in eine weite Bucht sanft abfallender Hügel, die mit edlen Bäumen bewachsen sind. Es ist in der Tat ein angenehmer Ort. Es gibt richtige Häuser, die auf hohen Steinplattformen stehen, mit tiefen Veranden und Fenstern aus Drahtgeflecht. Die Straßen sind in kühner Geometrie breiter roter Linien angelegt. Es gibt Alleen mit gepflanzten Bäumen, herrliche Blumenbeete, ein zubereitetes Frühstück, *kalte* (nicht kühle) Getränke, ein Telegrafenamt und eine Ausgabe der *Times* . Was könnte sich ein Entdecker mehr wünschen oder den Willen des Schicksals?

Wir sollten uns nun in drei langen Märschen (für die Träger) von jeweils etwa 16 Meilen nach Norden zum Nil bei Fajao aufmachen. Auf der Hoima-Straße waren einige Vorbereitungen getroffen worden, um die Reise zu erleichtern, indem der vordringende Dschungel vom Weg gesäubert und Rasthäuser gebaut wurden. Aber meine Planänderung hatte diese Vorbereitungen durcheinandergebracht, und auf der neuen Route mussten wir unsere Wege selbst von dem Dickicht befreien, das sie selbst in der Saison, wenn sie nicht benutzt werden, verstopft, und uns auf Zelte und improvisierte Unterstände verlassen. Wir kamen daher nur langsam voran und die Lager waren anspruchslos. Aber alles wurde durch die Wunder der Landschaft wettgemacht.

Einen ganzen Tag lang krochen wir durch die Ausläufer des Hoima-Waldes, inmitten einer üppigen Vegetation, die kaum zu beschreiben ist. Ich war durch tropische Wälder in Kuba und Indien gereist und hatte schon oft ihre bezaubernde, aber unheimliche Üppigkeit bewundert. Aber die Wälder Ugandas wurden wegen ihrer Pracht, ihrer Vielfalt an Formen und Farben, wegen ihrer Fülle an brillantem Leben – Pflanzen, Vögeln, Insekten, Reptilien, Tieren – wegen des riesigen Ausmaßes und der schrecklichen Fruchtbarkeit der natürlichen Prozesse, die hier am Werk sind, in den Schatten gestellt , und tatsächlich alle vorherigen Eindrücke ausgelöscht. Man wird, nicht ohne ein geheimes Gefühl der Abneigung, zum Zuschauer einer intensiven Erschütterung von Leben und Tod. Fortpflanzung und Verfall sind in unendlichen Umarmungen miteinander verbunden. In diesem glitzernden äquatorialen Slum drängen sich riesige Bäume um Platz zum Leben; Schlanke Gewächse strecken sich – scheinbar qualvoll – nach oben, dem Sonnenlicht und dem Leben entgegen. Der Boden ist voller unbändiger Vegetation. Jeder Sieger, der auf dem verrottenden Schimmel ausgerotteter Gegner herumtrampelt, erhebt sich in die Höhe, nur um auf eine weitere Schar von Luftrivalen zu stoßen, die mit Massen parasitären Laubs beladen, von den herrlichen Blüten der Schlingpflanzen erstickt, geschnürt und gebunden und mit endlosen Rankengeflechten verwoben werden und Anhänger. Vögel sind so hell wie Schmetterlinge; Schmetterlinge sind so groß wie Vögel. Die Luft summt von fliegenden Kreaturen; Die Erde kriecht unter deinem Fuß. Durch dieses Pflanzenlabyrinth verläuft der Telegrafendraht nordwärts nach Gondokoro. Sogar seine Stangen waren zu Knospen ausgebrochen!

Während wir vorankamen, uns immer wieder mit den Wellen des Landes hoben oder senkten und uns in schnellen Abwechslungen von einem gleißenden Sonnenfleck in eine klösterliche Dunkelheit bewegten, wurde der Weg von Zeit zu Zeit glatt, breit und aus festem Sandstein. Und hier konnte man die Kolonnen marschierender Soldatenameisen beobachten. Vielleicht würde die Straße innerhalb von hundert Metern viermal von diesen wilden Armeen überquert werden. Sie bewegen sich in regelmäßiger Anordnung und verfolgen Ziele, die gleichzeitig unergründlich und unerschütterlich sind. Über Ihre Spur wird ein braunes Band gezogen, das vielleicht zwei Zoll breit und anderthalb Zoll *tief ist* . Seine Enden verlieren sich in den Tiefen des Dschungels. Es bewegt sich unaufhörlich und mit vervielfachter Geschwindigkeit; denn jede Ameise rennt schnell vorwärts, sei es auf dem Boden oder auf dem Rücken ihrer sich bereits bewegenden Kameraden. Ungefähr einen Meter entfernt, auf jeder Seite der Hauptkolonne, befinden sich die Abschirmungslinien der Flankenwache, und fünf Meter darüber hinaus wird jeder Zentimeter durchsucht, jedes Objekt wird von unermüdlichen und furchtlosen Erkundungspatrouillen untersucht. Wehe dem Feind, der von diesen Horden überholt wird. Unabhängig von seiner Größe oder Natur wird er gleichzeitig von einer immer größeren Zahl von Angreifern angegriffen, von denen jeder aus erbarmungslosem Instinkt seine starken Mandibeln ins Fleisch stößt und lieber dafür sorgt, dass ihm der Kopf von den Schultern gerissen wird Lass los.

Diese Ameisenarmeen faszinierten mich. Ich konnte nicht widerstehen, sie zu stören. Mit meinem Spazierstock brach ich die Kolonne sanft und stieß das wimmelnde Seil von seiner Marschrichtung ab. Ihre Überraschung, ihre Verwirrung, ihre Empörung waren maßlos. Aber sie hielten keinen Augenblick inne. Im nächsten Moment liefen die Späher eifrig über meine Stiefel und suchten nach einem Eingang, und als ich mich wieder von diesem Stock abwandte und auf den Spazierstock in meiner Hand blickte, war dieser bereits lebendig. Mit einer so flinken Geste, dass sie missverstanden werden konnte, warf ich ihn von mir und sprang aus dem Gefahrenkreis zurück, bis ich auf einem großen Felsen in respektvoller Entfernung Zuflucht fand. Der sudanesische Sergeant Major der Eskorte, ein prächtiger Neger, so elegant ausgebildet wie ein Gardegrenadier und mit einer langen Reihe von Ordensbändern an seiner Khakiuniform, vergaß sich so sehr, dass er über das ganze Gesicht grinste. Doch seine Ernsthaftigkeit war wiederhergestellt, als ich ihn aufforderte, meinen Spazierstock zu retten, der verlassen auf dem Feld in den Kiefern des siegreichen Feindes lag. Der ergebene Mann war jedoch der Krise gewachsen.

Ich habe auch eine traurige Geschichte über die Perversität der Schmetterlinge zu erzählen. Noch nie wurden solche fliegenden Feen gesehen. Sie stellten uns bei jedem Schritt ihre prächtigen Livreen in unvorstellbaren Farben und Mustern ins Gesicht. Schwalbenschwänze, Perlmutterfalter, Admirale, Schildpatt, Pfauen, Orangenspitzen – alle in mindestens einem Dutzend neuartigen und kontrastierenden Stilen ausgeführt, von denen viele sogar noch schöner waren, aber keine Ähnlichkeit mit unserer britischen Art hatten – huschten im Sonnenschein aus der Blüte zum Blühen, glitzerten im Schatten großer Bäume oder gruppierten sich auf dem Weg, um die Feuchtigkeit aus jedem sumpfigen Fleck zu saugen. Der Schmetterling ist ein schmutziger Fresser, und wenn jemals ein Stück verwesender Dreck auf dem Boden liegen sollte, der riecht, muss er sicher sein, dass er mit einer Wolke dieser gierigen Insekten bedeckt ist, die in so fröhlicher Kleidung kommen, um solch erbärmliches Fleisch zu essen. Ich fand sie manchmal so berauscht vom Schlemmen, dass ich sie ganz sanft mit meinen Fingern aufheben konnte, ohne überhaupt ein Netz zu benötigen.

Für jeden, der jemals versucht hat, die bescheidenen und jetzt allzu seltenen und verstreuten Schmetterlinge Großbritanniens zu sammeln, konnten diese Anblicke nur eine harte Versuchung sein. Eine Woche lang hatte ich der Versuchung widerstanden, nicht weil es nicht einfach genug war, ein Netz zu bauen, sondern weil es schwierig war, die Beute auszusetzen und aufzubewahren. Erst am Ende unseres ersten Tagesmarsches von Masindi aus wurde mir gesagt, dass die bei weitem beste Art, Schmetterlinge aus Afrika nach Hause zu schicken, darin bestünde, sie in ordentlich gefaltete Papierdreiecke einzuwickeln und sie in London auszusetzen. Sofort wurde aus Telegrafendraht und einem Moskitovorhang ein Netz gebastelt, und vor Tagesanbruch war ich vollständig ausgerüstet. Es ist fast unglaublich, dass ich von diesem Augenblick an, außer in der Nähe der Murchison-Fälle, auf dem ganzen Weg bis nach Gondokoro kaum jemals wieder einen wirklich schönen Schmetterling sah. Ob dies an der intelligenten Perversität dieser Insekten lag oder daran, dass wir die tieferen Winkel des Waldgebiets verlassen hatten, frage ich nicht. aber die Tatsache bleibt bestehen, und von den Schmetterlingen in Uganda nehme ich nur die quälenden Erinnerungen an nicht genutzte Gelegenheiten mit.

Der erste Tagesmarsch von Masindi war lang, und unsere Träger keuchten und mühten sich in der Hitze des Tages unter ihren Lasten. Erst am Nachmittag kam die Hauptgruppe ins Lager, und in der Dämmerung tröpfelten Nachzügler durch. Inzwischen bauten die Einheimischen unter unseren Augen mit außerordentlicher Geschwindigkeit und Geschick einen geräumigen Speisesaal und zwei oder drei ganz ausgezeichnete Schlafzimmer aus den umliegenden Elefantengras- und Bambushainen, und wir lebten in diesen beiden bescheidenen Behausungen so bequem, als ob wir in Königspalästen wohnten. Am zweiten Tag war der Wald etwas dünner, obwohl der Dschungel von der gleichen dichten und verworrenen Fruchtbarkeit war. Wir brachen eine Stunde vor Sonnenaufgang auf und waren um acht Uhr auf den Sattel der hohen Felswand geklettert, die das Tal des Victoria-Nils umschließt. Von dieser Höhe von vielleicht 600 Fuß über dem allgemeinen Niveau der Ebene war zum ersten Mal ein umfassender Blick auf die Landschaft möglich. In alle Richtungen erstreckte sich ein weites Meer aus Laub, das hier zu Buschland, dort zu Wald wird, sich mit den Wellen des Landes hebt und senkt und nur gelegentlich von Felsspitzen unterbrochen wird. Weit im Nordwesten offenbarte ein langer silberner Schimmer, der gerade durch den Dunst des Horizonts zu erkennen war, unseren Augen die ferne Aussicht auf den Albert Nyanza. Einem solchen Panorama kann die Kamera nicht gerecht werden. Auf Fotos sehen diese riesigen Flächen wie bloße, struppige Allmende aus, unwirtlich und eintönig für das Auge, melancholisch für die Seele. Man muss bedenken, dass hier Kew Gardens und der Zoo in unbegrenztem Maßstab vereint sind; dass das zentrale Produktionslabor der Natur hier Tag und Nacht auf Hochtouren arbeitet; und dass die struppige Allmende des Bildes in Wirklichkeit ein Märchenland aus Lichtungen und Aussichten ist, durch das eine Armee von hunderttausend Mann marschieren könnte, ohne dass das Glitzern eines Bajonetts oder auch nur der Staub einer Artilleriekolonne dem Beobachter auf dem Felsen ihre Anwesenheit verraten würde.

Unser Lager für diese Nacht befand sich auf einem winzigen, geräumten Fleckchen im Herzen dieser wilden Welt. Die Ansammlung von Zelten unter einem Palmendach, erleuchtet von den Wachfeuern, hell erleuchtet von Laternen und belebt von den sich bewegenden Gestalten der Menschen und dem Summen menschlicher Aktivität, schien aus hundert Metern Entfernung eine Insel der Gesellschaft inmitten eines Ozeans der Natur zu sein. Welchen seltsamen Gefahren – abgesehen von der Gewissheit, sich zu verirren – würde ein Spaziergang von einer Viertelmeile in jede Richtung den Wanderer aussetzen? Sich aus dem Feuerschein zurückzuziehen hieße, in die wilden Bedingungen der prähistorischen Zeit einzutauchen. Wenn man näher kam, würde einem die Telegrafenleitung die neuesten Kurse der Londoner Märkte und die Zahlen der letzten Nachwahl mitteilen. Ein seltsames Gefühl!

MURCHISON FALLS.

Wir waren auf unserem dritten Marsch kaum eine Stunde vorangekommen, als gerade bei Tagesanbruch ein leises, lebhaftes Murmeln in der Luft zu vernehmen war. Mal verlor es sich, als wir in ein feuchtes Tal hinabstiegen, mal drang es noch stärker ins Ohr, als wir den Gipfel eines Anstiegs erreichten – das Geräusch des Nils, der die Murchison-Fälle hinabstürzte. Und um neun Uhr, als wir noch etwa zehn Meilen entfernt waren, hatte sich ein lautes, beharrliches und unaufhörliches Summen entwickelt. Diese Fälle sind sicherlich die bemerkenswertesten im gesamten Nillauf. Bei Foweira werden die schiffbaren Abschnitte, die sich vom Chiogasee aus erstrecken, durch Katarakte unterbrochen, und der Fluss rauscht schäumend und reißend eine allmähliche, aber kontinuierliche Treppe hinab, die von Felswänden umschlossen ist, aber immer noch eine breite Flut ist. Drei Kilometer oberhalb von Fajao ziehen sich diese Wände plötzlich zusammen, bis sie *kaum noch sechs Meter voneinander entfernt sind* , und durch dieses erstickende Portal schießt der ganze gewaltige Fluss wie aus der Düse eines Schlauches in einem einzigen Strahl in einen hundertsechzig Fuß tiefen Abgrund.

Der Steilhang, über den der Nil fällt, verläuft in einer weiten Bucht aus steilen oder fast steilen Klippen, die hier und da von sanfteren Spalten unterbrochen werden, und bildet die Ostwand des Albertsees, aus dessen Wasser er an vielen Stellen abrupt auf eine Höhe von 600 bis 700 Fuß aufsteigt. Am Rande dieses Abhangs angekommen, konnte man den Unterlauf des Victoria-Nils erkennen, der sich in einem breiten, glänzenden Band kilometerweit bis fast zu seiner Mündung in den See erstreckte. Die Wasserfälle selbst waren zwar unsichtbar, hinter einer bewaldeten Klippe verborgen, aber ihr Tosen ließ keinen Zweifel an ihrer Anwesenheit. Unter mir führte ein Zickzack-Pfad über lange Abhänge zum Wasserrand hinunter, und auf einer offenen Wiese war bereits eine Reihe von Zelten und Grashäusern aufgestellt.

Fajao als Eingeborenenstadt gab es nicht mehr. An kaum einem anderen Ort in Uganda hat die Schlafkrankheit so schreckliche Verwüstungen angerichtet. Mindestens sechstausend Menschen waren in den letzten zwei Jahren umgekommen. Fast die gesamte Bevölkerung war hinweggefegt worden. Es waren kaum genug Leute übrig, um die Delegation zu bilden, die man in ihren weißen Gewändern am Eingang zum geräumten Bereich des Campingplatzes erkennen konnte. Und dieser geräumte Bereich war selbst von größter Bedeutung; denn rundherum waren die Mächte des Bösen stark. Die Wälder, die den Fluss säumten und über ihn hinaushingen, wimmelten von Tsetsefliegen mit frisch erneuertem Gift und erwiesener Bösartigkeit, und niemand durfte sie betreten, außer auf Risiko. Nachdem ich ein paar Minuten innegehalten hatte, um einer Horde Paviane zuzuschauen, die auf dem gegenüberliegenden Hügel von Baum zu Baum sprangen und so groß wie Menschen zu sein schienen, kletterte ich den Zickzack hinunter, fotografierte die Delegation und schüttelte dem Häuptling die Hand. Er war ein sehr zivilisierter Häuptling – mit Namen James Kago –, der Reithosen und Ledergamaschen trug und ein paar überraschende Sätze in ausgezeichnetem Englisch sprach. Er schien bester Laune zu sein, ebenso wie der Rest der Bevölkerung, der sich hinter ihm versammelte, obwohl ich nicht sagen konnte, ob dies auf stoische Philosophie oder gute Manieren zurückzuführen war. Alles war Lächeln und Verbeugungen und Gurgeln kehliger Befriedigung. Der Bezirksbeamte, der mit mir gereist war, erklärte, dass der Häuptling den Pfad bis zur Spitze der Wasserfälle verbessern ließ und dass er vorschlug, uns nach dem Mittagessen und einer Rast auf diesem Weg bis an den Rand des Abgrunds zu führen, aber dass der Wald entlang des Flussufers wegen der Tsetseviren so gefährlich sei, dass wir vorsichtshalber Schleier und Handschuhe tragen sollten, bevor wir ihn betraten. Mit all dem hatte ich nichts zu tun.

In einer kleinen felsigen Bucht, die einen kleinen natürlichen Hafen bildete, fanden wir die Albert-Flottille bereits angekommen. Es bestand aus der „*Kenia*", einer etwa vierzig Fuß langen Dampfbarkasse mit Deck und Kabine, die vier Fuß Wasser schöpfte, und drei unterschiedlich großen stählernen Segelbooten – der „*James Martin*", der „*Good Intent*" *und der* „*Good Intent* ". *und der Kisingiri*. Diese kleinen Schiffe sollten uns den Victoria-Nil hinunter in den Albert Nyanza befördern, über das obere Ende dieses Sees und dann die Hundertsiebzig Meilen des Weißen Nils hinunter, bis die Schifffahrt bei Nimule durch weitere Katarakte blockiert wird. Sie wurden von einer Truppe fröhlicher Swahili-Tars bemannt, die schick in weiße Hosen und blaue Trikots gekleidet waren und auf deren Brüsten die Worte „Uganda Marine" in gelbem Kammgarn eingearbeitet waren. Der Ingenieur der Dampfbarkasse befehligte das Ganze mit uneingeschränkter Disziplin und Diplomatie; und nur durch diese kleine Gruppe von Hahnenbooten wurden Handel und Kommunikation mit der Nilprovinz und rund um den gesamten Albertsee aufrechterhalten. Die Flottille, die zusammen in ihrem Hafen lag und durch einen felsigen Wellenbrecher vor der schnellen Strömung geschützt war, bot ein hübsches Bild; Und dahinter strömte der Nil, durchzogen und oft bedeckt vom cremigen Schaum der Wasserfälle, in majestätischer Flut sechshundert Meter von Rand zu Rand.

FLOTTILLE IN FAJAO.

Wir begannen unseren Aufstieg zum Gipfel der Wasserfälle in der glühenden Hitze des Tages, und zum ersten Mal musste ich gestehen, dass die zentralafrikanische Sonne ebenso furchterregend ist wie jene, die auf die Ebenen Indiens brennt. Doch selbst in den schlimmsten Momenten ist sie erträglicher, denn die Brise erstickt einen nicht mit dem Atem eines Ofens. Zuerst führte der Weg durch die tödlichen Wälder; und hier schwebten natürlich die schönsten Schmetterlinge – etwa fünf Zoll Flügelspannweite – verlockend umher. Manchmal stiegen wir dorthin hinab, wo der Fluss an die Felsen schwappte und sich in Wirbeln unter schwimmenden Schauminseln kräuselte. Vorsichtsmaßnahmen waren gegen verschiedene Gefahren erforderlich. Der Nil unterhalb der Murchison-Fälle wimmelt von Krokodilen, von denen einige enorm groß sind, und etwa alle halbe Meile findet man Herden von Nilpferden; so dass wir mit den Gewehren, die wir für große Tiere mitnehmen mussten, und den Handschuhen und Schleiern, die uns vor noch bösartigeren kleinen Tieren schützten, eine schmerzhafte Belastung darstellten. Tatsächlich waren die Schleier so lästig und die Hitze so groß, dass ich beschloss, das Risiko einzugehen, und meinen Schleier abnahm. Aber nach einer halben Stunde bedrohlichen Summens und nachdem sich tatsächlich eine Fliege – vermutlich von der schlimmsten Sorte – auf meiner Schulter niedergelassen hatte, die von der Schnelligkeit meines Begleiters abgeschüttelt wurde, änderte ich meine Meinung erneut.

Während wir so am Flussufer entlangkrochen, entdeckten wir ein Krokodil, das sich auf einem großen Felsen in der Mitte des Stroms, etwa 150 Meter vom Ufer entfernt, in der Sonne aalte. Ich gestehe, mit allem Bedauern, dass ich diese Bestien hasse und sie am liebsten töten würde. Der Schuss war verlockend, denn der Rüpel lag schlafend in der gleißenden Sonne, sein Maul war weit geöffnet und seine fetten, schuppigen Flanken waren bloßgelegt. Zwei oder drei weiße Vögel hüpften um ihn herum und suchten nach Innereien, die ihm, wie man mir versichert hat (und bürgt Herodot nicht dafür?), manchmal sogar aus den Zähnen picken. Ich feuerte. Was der Schuss bewirkt haben mag, weiß ich nicht, denn das Krokodil machte einen Satz vor Todesangst oder Überraschung und verschwand im Wasser. Doch dann war ich an der Reihe, erstaunt zu sein. Der Fluss war in dieser Entfernung von den Wasserfällen nicht breiter als 300 Meter, und wir konnten das gesamte Ufer der gegenüberliegenden Seite ganz deutlich sehen. Bisher hatte es wie eine lange braune Schlammlinie ausgesehen, auf die die Sonne matt schien. Beim Geräusch des Schusses erwachte das gesamte Flussufer auf einer Länge von mindestens einer Viertelmeile zu schauerlichem Leben, und meine Gefährten und ich sahen Hunderte und Hunderte von Krokodilen aller Arten und Größen, die wie verrückt in den Nil stürzten, dessen Wasser entlang der Uferlinie zu weißem Schaum aufgeschlagen war, als ob eine schwere Welle gebrochen wäre. Es wäre keine Übertreibung zu sagen, dass mindestens tausend dieser Saurier durch einen einzigen Schuss aufgeschreckt worden waren. Unsere britischen Freunde erklärten, dass Fajao der Lieblingsort der Krokodile sei, die im Wasser unterhalb der Wasserfälle lagen und auf tote Fische und Tiere warteten, die vom Fluss herübergetragen wurden. Sehr oft, so erzählten sie uns, würden Flusspferde aus dem Oberlauf des Flusses und dem Chiogasee gefangen und nach unten getrieben, wobei ihnen durch die Kraft des Wassers „jeder Knochen im Körper gebrochen wird". „Tatsächlich", fügte der Beamte etwas unklar hinzu, „können sie *sehr froh sein*, wenn sie nicht zu Brei zerquetscht werden."

DIE SPITZE DER MURCHISON FALLS.

LANDSCHAFT IN UGANDA.

Schließlich bogen wir um eine Ecke und standen direkt vor den Wasserfällen. Sie sind wunderbar anzusehen, nicht so sehr wegen ihrer Höhe – obwohl das beeindruckend ist –, sondern wegen der immensen Wassermenge, die durch einen so engen Auslass fällt. Tatsächlich schien es angesichts der Größe des Flusses unterhalb der Wasserfälle unmöglich zu glauben, dass er vollständig aus dieser einzigen Quelle gespeist wurde. In Wolken aus regenbogenfarbenem Gischt und unter donnernden Geräuschen machten wir uns daran, die Südseite der Felswand zu erklimmen, und erreichten nach einer Stunde den Gipfel. Es war möglich, bis auf einen Zoll an den Rand heranzugehen und, auf dem Gesicht liegend und vorsichtig nach vorne geneigt, tatsächlich auf die schäumende Hölle darunter zu blicken. Die Enge der Schlucht oben war nicht überbewertet worden. Ich bezweifle, dass es von Fels zu Fels fünfzehn Fuß breit ist. Tatsächlich würden zehn Pfund an dieser Stelle eine Eisenbrücke über den Nil werfen. Aber es ist offensichtlich, dass die fallenden Wassermassen das Gestein unter ihrer Oberfläche in außerordentlichem Maße gewölbt und weggebrochen haben müssen, denn sonst könnte unmöglich Platz für den Abstieg des gesamten Flusses sein.

Wir warteten lange an diesem seltsamen Ort, beobachteten die schrecklichen Wasser, bewunderten ihre gewaltige Wut und versuchten, ihre Kraft einzuschätzen. Wer kann bezweifeln, dass der Zaum vorbereitet wird, der ihre Kraft halten und lenken wird, oder dass der Tag kommen wird, an dem das verlassene Fajao – jetzt entvölkert und fast verfallen – von den Maschinen der Industrie und der Stromerzeugung pulsieren wird? Ich kann nicht glauben, dass die moderne Wissenschaft sich damit zufrieden geben wird, diese gewaltigen Kräfte ungezähmt und ungenutzt zu lassen, oder dass Regionen von unerschöpflicher und beispielloser Fruchtbarkeit, die in der Lage sind, alle möglichen Dinge zu liefern, die die zivilisierte Industrie jedes Jahr in größeren Mengen benötigt, nicht – trotz ihrer Insekten und ihres Klimas – kultiviert werden. Sicher ist, dass die Weltwirtschaft hoffnungslos unvollständig bleibt, solange diese Vernachlässigungen vorherrschen, und während es verschwenderisch und töricht wäre, sich zu beeilen, wäre es noch verschwenderischer und törichter, den stetigen Fortschritt der Entwicklung zu verlangsamen.

Aus diesen Überlegungen wurde ich jäh durch den Nil gerissen, dessen aufgewühlte Wassermassen - durch eine ungewöhnliche Erschütterung beim Annähern an den Rand des Nils aufgewühlt - plötzlich über einen Felsvorsprung schwappten, der bis dahin hoch und trocken gelegen hatte, und ein hässliches und vielleicht empörtes Schwall Wasser bis zu meinen Füßen mit sich trugen.

KAPITEL IX:

Nilpferdlager

Es dauerte nicht wenig, unser gesamtes Gepäck, unsere Lebensmittel und unsere Zelte auf der Barkasse und ihren Stahlbooten zu verstauen, und obwohl unser Lager bereits um halb vier Uhr aufgewühlt war, brach gerade die Morgendämmerung an, als wir einschiffen konnten. Und dann klemmte sich die „*James Martin*" ein paar Meter vom Ufer der schützenden Bucht entfernt auf einen Felsen und schien sich hart und schnell festgesetzt zu haben; Denn so sehr wir auch ziehen konnten, mit der ganzen Kraft der Barkasse bei Volldampf und dem zusätzlichen Gewicht der Strömung, die uns dabei half, würde sie sich keinen Zentimeter bewegen. Daher musste alles wieder vom Nachzügler abgeladen werden, und als es so erleichtert und seine Fracht auf die begleitenden Kanus verladen worden war, befahl James Kago seinen Stammesangehörigen, ins Wasser zu springen, das nicht mehr als fünf Fuß tief war, und Schieben und heben Sie das kleine Gefäß, während der Dampfgarer zieht. Aber die Eingeborenen scheuten sich, diese Aufgabe auszuführen, aus Angst vor den Krokodilen, die trotz all des Lärms und Klapperns jeden Moment einen Angriff wagen könnten. Daraufhin packte der energische Häuptling sie einen nach dem anderen um die Taille und warf sie mit voller Wucht in den Bach, bis sich mindestens zwanzig um das Boot angesammelt hatten, und dann, mit ihrer Ungeduld, ihre unbequeme Arbeit und unsere Anstrengung zu Ende zu bringen Mit dem Abschleppseil schwebte die *James Martin* frei, wurde neu geladen und los ging es.

Als wir in die Mitte des Flusses hinaustrieben, bot sich uns der schönste Blick auf die Wasserfälle. Es war schon fast Tag, aber die Sonne hatte die große Böschung, über die der Nil fließt, noch nicht überwunden. Die Ufer auf beiden Seiten des Flusses, die mit dichtem, hohem Wald bedeckt waren und sich vom Wasserrand aus etwa doppelt so hoch erhoben wie die Cliveden Woods, lagen im dunklen Schatten. Der Fluss war eine breite stahlgraue Fläche, durchzogen von helleren Schaumstreifen. Die Felsportale der Wasserfälle waren pechschwarz, und zwischen ihnen schimmerte, von einem einzigen Sonnenstrahl erhellt, der gewaltige Katarakt – ein Wunder und eine Pracht, für die es sich lohnte, den ganzen Weg zu reisen, um ihn zu sehen.

Bald waren wir unter den Nilpferden. Alle zwei- bis dreihundert Meter und an jeder Flussbiegung stießen wir auf eine Herde von fünf bis zwanzig Tieren. Für uns in einer Dampfbarkasse drohten sie weder Widerstand noch Gefahr. Doch ihre tief verwurzelte Feindseligkeit gegenüber Kanus führt immer wieder zu Todesfällen unter den einheimischen Fischern, deren zerbrechliche Boote durch das Knacken riesiger Kiefer wie Eierschalen zerknittert werden. Tatsächlich werden sie auf dem gesamten Weg von hier bis Nimule als Geißel und Schrecken des Nils bezeichnet. Stellen Sie sich vor, Sie verwechseln ein Nilpferd – fast das größte noch lebende Säugetier der Welt – mit einer Seerose. Doch nichts ist einfacher. Der ganze Fluss ist übersät mit schwimmenden Lilien, die sich von jeder Wurzel lösen und zufrieden mit der Strömung treiben. Das Flusspferd hat die Angewohnheit, sich im Wasser zu räkeln und nur seine Augen und die Spitzen seiner Ohren zu zeigen, und vielleicht hin und wieder einen Blick auf seine Nase zu werfen, und so ist seine Silhouette aus einer Entfernung von dreihundert Metern kaum von der zu unterscheiden schwimmende Vegetation. Ich fand, dass sie auch wie riesige Katzen aussahen, die guckten. Sobald sie uns jedoch um die Ecke kommen sahen und das Pochen des Propellers hörten, reckten sie ihre Köpfe aus dem Wasser, um einen Blick darauf zu werfen, und tauchten dann sofort voller Ekel auf den Grund. Unsere Übung bestand dann darin, den Dampf abzustellen und lautlos auf sie herabzuschweben. Auf diese Weise gelangt man mitten in die Herde, und wenn die Neugier oder der Mangel an Luft sie dazu zwingt, wieder hochzukommen, besteht die Chance auf einen Schuss. Ein großer Bursche näherte sich dem Boot, um zu atmen, und der Ausdruck des Erstaunens, der Besorgnis, der Empörung in seinen großen, ausdrucksstarken Augen – als er mit einem gewaltigen Schnauben nach unten stürzte – war komisch anzusehen. Diese Kreaturen sind nicht leicht zu töten. Sie steigen an den unerwartetsten Stellen auf und fallen in einer Sekunde wieder ab. Man möchte nicht das Risiko eingehen, sie nur zu verletzen, und das präsentierte Ziel ist klein und verschwindet. Ich erschoss einen, der mit einem schrillen Schrei und dem Knall einer einschlagenden Kugel sank. Wir warteten lange darauf, dass er an die Oberfläche schwebte, aber vergebens, denn er musste in oder unter ein Schilfbett getragen worden sein und konnte nicht zurückgeholt werden.

FRÜHER MORGEN AUF DEM NIL BEI FAJAO.

FAJAO.

Die Murchison- oder Karuma-Wasserfälle, wie die Eingeborenen sie nennen, sind etwa dreißig Meilen vom Albert Lake entfernt, und da wir mit der Strömung sechs bis sieben Meilen pro Stunde zurücklegten, war dieser Teil unserer Reise kurz. Hier bietet der Nil eine herrliche Wasserstraße. Der Hauptkanal ist mindestens drei Meter tief und die Navigation ist trotz wechselnder Sandbänke, Inseln und Verflechtungen mit Schilf und anderer Vegetation nicht schwierig. Der Fluss selbst hat köstliches, süßes Wasser und ist an vielen Stellen eine halbe Meile breit. Seine Ufer waren auf den ersten zwanzig Meilen von wunderschönen Bäumen beschattet und hier und da von markanten Landzungen begrenzt, die von der Strömung tief zerfurcht waren. Die gezackten Umrisse der hohen Berge auf der anderen Seite des Albert Nyanza waren bald im Schatten am westlichen Himmel zu sehen. Wenn man sich dem See nähert, degeneriert die Uferlandschaft; die Sandbänke wurden komplexer; Die Ufer sind niedrig und flach, und auf beiden Seiten erstrecken sich riesige Sümpfe über den Fluss. Doch auch hier bewegt sich der Reisende durch eine imposante Welt.

Nach fünf bis sechs Stunden Fahrt erreichten wir schließlich die Mündung des Viktoria-Nils und schwammen hinaus auf die weite Fläche des Sees. Glücklicherweise war es dieses Mal recht ruhig. Wie sehr wünschte ich mir damals, ich hätte mich nicht von der Zeit und den Krächzen von einer längeren Reise abhalten lassen, und wir hätten uns nach Süden wenden und unter Umrundung des Albert den Semliki-Fluss mit all seinen geheimnisvollen Attraktionen hinauffahren und die Stadt besuchen können Wälder an den südwestlichen Ufern und vielleicht ein Schimmer des Schnees von Ruenzori! Aber wir befanden uns in der Klemme sorgfältig überlegter Arrangements und waren immer in Eile, wie Kinder in einem Weihnachtsspielzeugladen, die immer zurückblickten.

Doch der Fortschritt hatte ebenso seinen Preis wie die Verzögerung. Einige aus meiner Gruppe hatten das Vertrauen des Ingenieurs der Barkasse gewonnen, der ihnen ein wertvolles Geheimnis verraten hatte. Es schien, dass es „irgendwo zwischen Lake Albert und Nimule" – um nicht zu genau zu sein – einen Ort gab, der nur den Auserwählten und nicht mehr als einem oder zwei von ihnen bekannt war und an dem es viele Elefanten und Nashörner gab. Und diese Nashörner, das muss man bedenken, gehörten nicht zu den gewöhnlichen schwarzen Nashörnern mit zwei fast gleich großen Stummelhörnern und einer Greifspitze an der Nase. Gar nicht; Sie waren sogenannte „weiße" Nashörner – Burchells Breitmaulnashörner, [1] das ist ihr vollständiger Stil – mit einem langen, dünnen, riesigen Horn, vielleicht einen Meter lang – auf der Nase und mit breiten, quadratischen Oberlippen. Natürlich waren wir alle sehr aufgeregt, und um auf unserer Reiseroute einen Tag Zeit zu gewinnen, um diese sehr seltenen und bemerkenswerten Tiere genauer zu studieren, beschlossen wir, nicht an Land zu gehen und ein Lager aufzuschlagen, sondern die ganze Nacht weiterzudampfen. In der Zwischenzeit unternahm unser Freund, der Ingenieur, die schwierige Aufgabe, den Kanal mit all seinen Windungen im Dunkeln zu finden.

Die Szene, als wir den Albert Lake verließen und in den Weißen Nil einfuhren, war von überragender Schönheit. Die Sonne ging gerade hinter den hohen, zerklüfteten Gipfeln des Kongo-Gebirges im Westen unter. Eine nach der anderen, und Reihe für Reihe, entfalteten sich diese herrlichen

Höhen – die vielleicht bis zu acht- oder neuntausend Fuß erreichten – in Wellen aus dunklem, pflaumenfarbenem Gestein, gekrönt von goldenem Feuer. Der See erstreckte sich scheinbar grenzenlos wie das Meer nach Süden in einer immer größer werdenden Wasserwelle – außerhalb des Schattens der Berge in ein köstliches Rosa getaucht. Über seine Oberfläche paddelte unsere kleine Flottille – vier an einer Schnur – in Richtung der schmaler werdenden Nordküste und des Nilkanals.

ANNÄHERUNG AN DEN ALBERTSEE, MIT DEN KONGO-HÜGELN IN DER FERNE.

WADELAI.

Der Weiße Nil verlässt majestätisch den Albertsee. Bis nach Nimule ähnelt es oft eher einem See als einem Fluss. Auf den ersten zwanzig Meilen seines Weges kam es mir so vor, als hätte er einen Durchmesser von mindestens zwei Meilen. Die Strömung ist sanft und manchmal in den breiten Lagunen und Buchten, in denen sich das ruhige Wasser ausbreitet, kaum wahrnehmbar. Ich schlief unter einer Markise auf der *Kisingiri* , dem letzten und kleinsten Boot der Reihe, und hatte bis auf den einheimischen Steuermann und jede Menge Gepäck alles für mich allein. Es war in der Tat herrlich, von der kühlen Brise angeweht und vom beruhigenden Plätschern der Wellen eingelullt zu liegen und gleichsam aus dem Traumland die dunklen Umrisse der schnell vorbeigleitenden Ufer und die langen, vom Mond beleuchteten Wasserspiegel zu beobachten.

Bei Tagesanbruch erreichten wir Wadelai. In den 24 Stunden seit unserer Abreise von Fajao hatten wir fast 100 Meilen unserer Reise zurückgelegt. Ohne das Seufzen eines einzigen Trägers hatten diese kleinen Boote und die Barkasse die gesamte „Safari" über eine Entfernung transportiert, die an Land die Mühen und Leiden von 300 Männern in mindestens einer Woche ununterbrochener Anstrengung erfordert hätte. Solche Gegensätze machen einem bewusst, wie wichtig es ist, die Wasserwege Zentralafrikas zu nutzen, einen lückenlosen Verkehr auf ihnen aufzubauen und die Eisenbahnen zunächst nur zu nutzen, um sie miteinander zu verbinden.

Wadelai war verlassen. Auf einem hohen Ufer des Flusses stand eine lange Reihe hoher, spitz zulaufender, strohgedeckter Häuser, die Mauern einer Festung und Gebäude europäischer Bauart. Alles war gerade dem Verfall preisgegeben. Die Belgier räumen alle ihre Posten in der Enklave Lado außer Lado selbst, und diese Stationen, die so mühsam errichtet und so lange unterhalten wurden, werden bald vom Dschungel verschluckt werden. Auch die ugandische Regierung reduziert ihre Garnisonen und Verwaltung in der Nilprovinz, und der Reisende sieht nicht ohne Wehmut das Schauspiel einer Zivilisation, die nach mehr als einem halben Jahrhundert der Anstrengung und des Experimentierens endgültig im Rückzug ist.

Wir stiegen aus und kletterten die Hänge durch hohes Gras und verstreute Felsbrocken hinauf, bis wir inmitten der verrottenden Bungalows und Hütten standen, die ein kühner Versuch zur Existenz einer Stadt gewesen waren. Wadelai war vielleicht fünfzig Jahre lang von weißen Männern bewohnt worden. Ein halbes Jahrhundert lang hatte dieses schwache Licht der Moderne, der Zigaretten, der Zeitungen, des Whiskys und der eingelegten Gurken an den einsamen Ufern des Weißen Nils gebrannt, um Pioniere und Siedler zu ermutigen und anzulocken. Keiner war gefolgt. Nun war es erloschen; Und doch, als ich die weitläufige Landschaft mit ihren grünen Weiten, ihren hohen Gipfeln, ihren Bäumen und ihrem Grün betrachtete, das sich vom Ufer des mächtigen und majestätischen Flusses erhob, konnte ich mich nicht einen Moment lang dazu durchringen zu glauben, dass die Zivilisation damit Schluss gemacht hat Nilprovinz oder die Lado-Enklave, oder dass es für Regionen, die so viel versprechen, keine Zukunft gibt.

Den ganzen Tag paddelten wir erfolgreich mit dem Strom. Manchmal verlor sich der Nil in Papyruslabyrinthen, die die Zugänge zum Chiogasee nachbildeten, und durch die wir uns auf einem gewundenen Weg mit vielen Unebenheiten und Stößen an den Biegungen schlängelten. Aber meistens bestanden die Ufer aus guter, fester Erde, mit hier und da wunderschönen Klippen aus rotem Sandstein, die vom Wasser ausgehöhlt wurden und abrupt vom Rand aufstiegen, gekrönt von üppigem Laub. Stellenweise waren diese Klippen von schmalen Wegen durchzogen, fast Tunneln, die sich bis zum Hochland hinaufwanden und vollkommen glatt und regelmäßig in ihrer Konstruktion waren. Sie sahen aus, als wären sie eigens angelegt worden, um den Zugang zum und vom Fluss zu ermöglichen; und so war es auch – von den Elefanten. Legionen von Wasservögeln bewohnten das Schilf, und Scharen von Kranichen erhoben sich bei der Annäherung der Flottille. Manchmal sahen wir riesige, pelikanartige Vögel, fast so groß wie ein Mensch, die nachdenklich auf einem Bein standen, und oft saß in den Baumkronen ein Fischadler in prächtigem Bronze- und Cremeton, sonnte sich und hielt nach Beute Ausschau.

Ich hielt einmal in der Hoffnung an, Schmetterlinge zu fangen, fand jedoch keine besonderen – nur eine üppige Vielfalt gewöhnlicher Arten, ein hohes Maß an Mittelmäßigkeit ohne Schönheiten oder Herrscher und Schwärme wilder Moskitos, die bereit waren, allen Ankömmlingen das Terrain streitig zu machen. Und es war fast vier Uhr nachmittags, als das Boot plötzlich nach links aus der Hauptströmung in eine kleine, halbkreisförmige Bucht mit einem Durchmesser von 450 Metern ausscherte und wir im „Hippo Camp" an Land gingen.

DIE „KENIA", „JAMES MARTIN" UND „GOOD HOPE" NÄHERN SICH NIMULE.

NILPFERD-CAMP.

Wir dachten, es sei an diesem Tag viel zu spät, um ernsthaft zu schießen. Es war kaum dreieinhalb Stunden hell. Aber nach sechsunddreißig Stunden eingepfercht in diesen kleinen Booten war ein Spaziergang durch den Dschungel sehr verlockend; und so teilten wir uns in drei Gruppen auf und brachen in drei verschiedene Richtungen auf – wie die Speichen eines Rades. Kapitän Dickinson, der die Eskorte befehligte, ging mit dem Arzt nach rechts; Oberst Wilson und ein anderer Offizier marschierten im rechten Winkel zum Flussufer; und ich ging unter der Führung unseres Freundes, des Ingenieurs, nach links. Ich werde ganz kurz erzählen, was mit jedem von uns geschah. Die rechte Gruppe geriet nach einer Stunde Marsch in eine große Elefantenherde, die sie auf über sechzig zählte. Sie sahen keine sehr schönen Bullen; sie waren auf allen Seiten von diesen furchterregenden Tieren umgeben; und da der Wind wechselhaft war, es schon eine Stunde später war und der nächste Tag ruhig, hielten sie es für ratsam, ohne zu schießen ins Lager zurückzukehren. Die Hauptgruppe, bestehend aus Colonel Wilson und seinem Begleiter, stieß nach etwa anderthalb Meilen Fußmarsch plötzlich auf einen schönen, einsamen Elefantenbullen. Sie verfolgten ihn eine Zeit lang, aber er entfernte sich, und als er merkte, dass er verfolgt wurde, warf er plötzlich, ohne die geringste Warnung seinerseits und ohne große Provokation ihrerseits, seinen Rüssel hoch, trompetete und stürmte wütend auf sie zu; woraufhin sie gerade noch Zeit hatten, mit ihren Gewehren in sein Gesicht zu schießen und ihm aus dem Weg zu springen. Dieser Elefant wurde einige Meilen lang verfolgt, aber erst drei Monate später erfuhren wir, dass er an seinen Wunden gestorben war und dass die Eingeborenen seine Stoßzähne geborgen hatten.

So viel zu meinen Freunden. Unsere dritte Gruppe links schlich davon und entfernte sich allmählich vom Flussufer landeinwärts. Es war ein richtiges wildes Buschland mit hohem Gras und Felsblöcken und vielen mittelgroßen Bäumen und Büschen, die etwa alle hundert Meter von viel größeren Bäumen durchsetzt waren. In der Nähe des Nils zogen sich ausgedehnte Sümpfe mit fünf Meter hohem Schilf in langen Buchten und Ausläufern landeinwärts, und diese, so wurde uns gesagt, waren die Lebensräume des Breitmaulnashorns. Wir müssen fast eine Dreiviertelstunde lang vorsichtig und mühsam weitergegangen sein, als ich durch eine Lichtung in etwa zweihundert Metern Entfernung ein großes dunkles Tier sah. Nach dem zu urteilen, was ich in Ostafrika gesehen hatte, war ich mir ziemlich sicher, dass es ein Nashorn war. Wir hielten inne und untersuchten es sorgfältig durch unsere Ferngläser, als es plötzlich dreimal so groß zu werden schien und das Ausbreiten zweier riesiger Ohren – sie schienen so groß wie die Klappen französischer Fenster – die Anwesenheit des afrikanischen Elefanten verkündete. Im nächsten Moment kam noch ein weiterer und noch einer in Sicht, der gemächlich direkt auf uns zuschwang – und der Wind war beinahe völlig falsch.

Wir wechselten unsere Position durch einen Flankenmarsch mit bewundernswerter Geschwindigkeit und beobachteten von der Spitze eines benachbarten Ameisenbärenhügels aus in einer Entfernung von etwa 150 Metern die stattliche und ehrfurchtgebietende Prozession von elf Elefanten. Sie kamen heran, schleppten sich von Fuß zu Fuß – zwei oder drei Elefanten ohne große Vorzüge, mehrere große stoßzahnlose Weibchen und zwei oder drei Kälber. Auf dem Rücken jedes Elefanten saß mindestens ein wunderschöner weißer Reiher, manchmal auch drei oder vier, etwa zwei Fuß hoch, die an der zähen Haut pickten – vermutlich für sehr kleines Wild –

oder die Szene mit dem Bewusstsein von Pomp überblickten. Solche Anblicke sind für den afrikanischen Jäger nichts Ungewöhnliches. Wer in der Wildnis lebt, ist der Erbe ihrer Wunder. Aber ich muss gestehen, dass es für mich ein wahrhaft wunderbares und aufregendes Erlebnis war, durch einen Wald zu wandern, der von diesen edlen Titanen bevölkert war, ihren geheimnisvollen, fast geisterhaften Marsch zu beobachten, überall in großen Bäumen, die wenige Meter über dem Boden abgeknickt waren, und in riesigen, zum Spaß abgerissenen Ästen die Beweise ihrer gigantischen Stärke zu sehen. Und dann, während wir ihnen beim Herunterschlendern zum Wasser zusahen, hörte ich direkt hinter uns ein leises Rascheln und als ich mich umdrehte, sah ich keine vierzig Meter entfernt ein prächtiges, ausgewachsenes Nashorn mit dem langen, dünnen Horn seiner seltenen Art – dem berühmten Breitmaulnashorn – Burchell höchstpersönlich, das nach seinem abendlichen Drink friedlich nach Hause schlenderte und sich der Anwesenheit eines Fremden oder Feindes überhaupt nicht bewusst war!

Wir hatten unseren Wind im Verhältnis zu den Elefanten sehr sorgfältig eingeschätzt. Infolge dessen war er im Verhältnis zum Nashorn absolut falsch. Ich sah, dass es in weiteren fünfzig Metern direkt darüber hinweglaufen würde. Ich für meinen Teil, der ich auf der Spitze eines zehn Fuß hohen Ameisenbärenkegels thronte, brauchte keine Bedenken zu haben. Ich war vollkommen sicher. Aber meine Gefährten und die einheimischen Ordonnanzen und Matrosen, die bei uns waren, genossen keine solche Sicherheit. Die Folgen, das Tier aus dieser Entfernung und bei diesem Wind nicht zu töten, wären ein verrückter Angriff direkt durch unsere Gruppe gewesen. Mein Verantwortungsgefühl hielt mich zweifellos zurück; aber ich muss auch gestehen, dass ich über die unerwartete Erscheinung völlig erstaunt war. Während ich versuchte, die anderen durch Signale und Flüstern an sicherere Orte zu drängen, bewegte sich das Nashorn stetig, überquerte die Windlinie, blieb für einen Moment hinter einem kleinen Busch stehen und rannte dann, vor der Gefahr gewarnt, in die tiefsten Winkel des Dschungels davon. Ich hatte den einfachsten Schuss vertan, den ich jemals in Afrika hatte. Inzwischen waren die Elefanten verschwunden.

MR. CHURCHILL AUF DER BEOBACHTUNGSLEITER IM HIPPO CAMP.

UFER DES VICTORIA-NILS.

Wir kehrten mit leeren Händen und klopfendem Herzen ins Lager zurück, nicht ohne Kummer über die vertane Gelegenheit, aber mit dem größten Appetit und den größten Hoffnungen für den nächsten Tag. So hatten unsere drei Gruppen in drei Stunden und im Umkreis von vier Meilen von unserem Landeplatz so viele der großartigsten wilden Tiere gesehen, wie die Anstrengungen einer gewöhnlichen Großwildjagd wert wären. Als ich an diesem Abend in dem kleinen , in der Bucht vor Anker liegenden *Kisingiri* *einschlief* und das grunzende Bellen der Nilpferde hörte, die überall herumschwammen und spielten, vermischt mit den Rufen der Vögel und den sanften Geräuschen von Wind und Wasser, berührte der afrikanische Wald zum ersten Mal mein Herz, fesselnd, unwiderstehlich, nie zu vergessen.

Bei Tagesanbruch brachen wir alle in derselben Reihenfolge und mit dem festesten Entschluss auf. Während der Nacht hatten die Seeleute aus langen Bambusstangen eine Art leichtes Dreibein gebaut, das uns als Beobachtungsturm diente und uns ermöglichte, über das hohe Gras und Schilf zu blicken, was sich als äußerst praktisch und vorteilhaft erwies, auch wenn es mühsam war, es hinter uns herzuschleppen. Wir verbrachten den ganzen Morgen damit, herumzustreifen, aber der Dschungel, der zwölf Stunden zuvor noch so voll mit Wild aller Art gewesen war, schien jetzt völlig kahl. Endlich sahen wir durch ein Teleskop von einer Baumkrone aus vier oder fünf Elefanten oder große Tiere irgendeiner Art, die etwa zwei Meilen entfernt grasten, oder glaubten es zumindest zu sehen. Sie befanden sich auf der anderen Seite eines riesigen Sumpfes, und um uns ihnen zu nähern, musste man diesen nicht nur durchqueren, sondern ihn wegen des Windes umrunden.

Wir stürzten uns dementsprechend in dieses weite Labyrinth aus Schilf, folgten den gewundenen Pfaden, die das Wild durch sie gezogen hatte, und wussten nicht, was uns bei jedem Schritt erwarten würde. Der Boden unter den Füßen zwischen den Kanälen und Schlamm- und Wasserpfützen war ziemlich fest. Die Luft war stickig. Das hohe Schilf und die Gräser schienen einen zu ersticken; und oben, durch ihr Geflecht, schien der volle Glanz der Mittagssonne. Durch ein solches Land zu waten und zu watscheln, ein doppelläufiges ·450-Gewehr nicht auf der Schulter, sondern in den Händen für den sofortigen Einsatz, mindestens zwei Stunden lang um jede Ecke zu spähen und jeden Dornbusch zu ahnen, ist nicht so angenehm wie es sich anhört. Schließlich tauchten wir auf der anderen Seite unter einem herrlichen Baum auf, dessen Höhe ihn zu unserem Leuchtfeuer in den Tiefen des Sumpfes gemacht hatte und dessen weit ausladende Zweige köstlichen Schatten spendeten.

Es war drei Uhr. Wir hatten neun Stunden lang geschuftet und nichts gesehen – buchstäblich nichts. Aber von diesem Moment an hatten wir Glück. Zuerst sahen wir zwei Wildschweine, die auf einer kleinen Lichtung kämpften – ein höchst entzückendes Schauspiel, das ich zwei oder drei Minuten lang genoss, bevor sie uns entdeckten und flohen. Als nächstes sahen wir ein Dutzend prächtiger Wasserböcke, die auf dem Kamm eines kleinen Bergrückens in Schussweite grasten und an jedem anderen Tag als heute die Beute gewesen wären; aber unser Ehrgeiz übertraf sie und wir wollten es nicht riskieren, den Dschungel trotz all ihrer schönen Hörner zu stören. Dann, drittens, stießen wir direkt auf die Nashörner. Wie viele, weiß ich nicht – mindestens vier. Wir waren tatsächlich an ihnen vorbeigegangen, als sie unter den Bäumen Schutz suchten. Jetzt waren sie hier, sechzig Meter

entfernt links von uns – dunkle, trübe, unheimliche Körper, gerade noch
durch das wehende Gras sichtbar.

Wenn man kaltblütig mit einem schweren Gewehr schießt, klappert einem
die Zähne und der Kopf tut weh. In einem solchen Moment wie diesem
spürt man den Knall und den Rückstoß kaum. Es könnte eine Schrotflinte
gewesen sein. Das nächste Nashorn war seitlich auf mich gerichtet. Ich traf
es hart mit beiden Läufen, und es ging zu Boden, um sich in grauenhaften
Kämpfen wieder zu erheben – Kopf, Ohren und Horn ragten qualvoll über
dem Gras hervor, als würde es sich bemühen, vorwärts zu kommen, während
ich nachlud und noch zweimal feuerte. Das war alles, was ich selbst sah. Zwei
weitere Nashörner entkamen über den Hügel, und ein viertes, das in die
andere Richtung lief, griff die einheimischen Seeleute an, die unseren
Beobachtungsturm trugen, die sehr froh waren, ihn fallen zu lassen und in
alle Richtungen zu zerstreuen.

MR. CHURCHILL UND BURCHELLS BREITMAULNASHORN.

Ein gutes Exemplar des Breitmaulnashorns zu erlegen, ist ein Ereignis, das
im Leben eines Jägers wichtig genug ist, um den Tag, an dem es geschieht,
in seinem Kalender hell und denkwürdig zu machen. Doch noch vor
Einbruch der Nacht standen uns weitere Aufregungen bevor. Etwa eine
Meile von der Stelle entfernt, an der unser Opfer lag, machten wir Halt, um
uns auszuruhen, zu freuen und nicht zuletzt zu erfrischen. Der
Beobachtungsturm – den wir den ganzen Tag so mühsam mitgeschleppt
hatten – wurde aufgestellt, und als ich ihn erklomm, sah ich sofort am Rand
des Sumpfes nicht weniger als vier weitere ausgewachsene Nashörner, kaum
vierhundert Meter entfernt. Ein hoher Ameisenhaufen in Reichweite bot uns
Deckung, um sie zu verfolgen, und der Wind stand genau richtig. Doch der

Leser hat lange genug in diesem Jägerparadies getrödelt. Es genügt zu sagen, dass wir zwei weitere dieser Monster töteten, während eines in den Sumpf entkam und das vierte wild auf uns losging und durch unsere Gruppe galoppierte, ohne anscheinend selbst berührt zu werden oder jemanden zu verletzen. Dann markierten wir die Stellen, an denen die Kadaver lagen, und kehrten durch den Sumpf nach Hause zurück, zu triumphierend und zu müde, um uns über die wütenden Flüchtlinge Gedanken zu machen, die in seinen Tiefen lauerten. Es war sehr spät, als wir nach Hause kamen, und unsere Freunde hatten bereits einem guten Elefanten, den Colonel Wilson geschossen hatte, die Stoßzähne ausgeschlagen und rösteten einen Bock, der unsere Speisekammer praktischerweise aufgefüllt hatte.

DER ELEFANT VON COLONEL WILSON .

DIE „KENIA", „JAMES MARTIN" UND „GOOD HOPE" AUF DEM WEISSEN NIL.

So war unser Tag im Hippo Camp. Dem leidenschaftlichen Sportler sei empfohlen, dorthin zu gehen, wenn er jemanden finden kann, der ihm den Weg zeigt.

KAPITEL X

DEN WEISSEN NIL HINAB

Wir blieben noch zwei weitere Tage in der Nähe des Hippo-Camps, fuhren mit dem Boot zu anderen Lagunen und Flussüberläufen und machten uns auf den Weg ins Landesinnere, um die große Elefantenherde zu suchen. Aber obwohl ihre jüngste Anwesenheit von allen Seiten durch abgeknickte Bäume und zertrampelte Erde und breite, durch das Gras geschlagene Gassen verkündet wurde, sahen wir keinen von ihnen. Und ein Stamm von Eingeborenen, der eines Nachmittags half, eine Reihe von Rehböcken nach Hause zu bringen, teilte uns aus sachkundiger Quelle mit, dass die ganze Herde durch die Ankunft von Fremden und das Geräusch von Schüssen aufgeschreckt worden war und sich drei Tagereisen vom Flussufer entfernt hatte. Diese Eingeborenen – aus der Lado-Enklave – waren Gentlemen-artige Leute, und ich unterhielt mich lange mit ihnen über ihre Angelegenheiten. Sie waren splitternackt und sehr würdevoll, mit anmutigen, athletischen Körpern, langen, spitz zulaufenden, wohlerzogenen Händen und hellen, scharfen Augen. Der örtliche Häuptling zeigte all diese Eigenschaften in einem hervorragenden Ausmaß, und seine natürliche Vorrangstellung wurde von seinen Anhängern mit sofortigem Gehorsam anerkannt. Wir beluden sie mit Geschenken. Zunächst große Mengen Fleisch und Felle, dann Schokolade für alle – sie lieben Süßes – drei Stück Zucker für jeden, mindestens eine leere Flasche pro Mann und Blechtöpfe und Pappkartons fast ohne Ende. Der Häuptling bewies einen feinen Geschmack in all diesen Dingen und fügte sofort im kaiserlichen Stil hinzu, was ihm gefiel, wem auch immer es gehörte. Ich suchte nach einer Möglichkeit, ihm eine besondere Ehre zu erweisen, und erinnerte mich glücklicherweise daran, dass ich auf der Hinreise auf der Durchreise durch Port Said einen japanischen *Kimono* als Morgenmantel gekauft hatte. Damit wurde er sofort eingekleidet, und ich muss sagen, er legte das wallende Gewand mit jener leichten Anmut und natürlichen Selbstbeherrschung an, die die Gaben eines Lebens in der Wildnis sind. So wurden die Stoffe von Cathay durch die Initiative Europas in das Herz Afrikas eingeführt.

Als wir schließlich widerwillig diesen reizvollen Ort verließen und entschlossen in den Strom eintauchten, verloren wir keine Zeit, Nimule zu erreichen. Die ganze Nacht und den ganzen nächsten Tag dampften wir auf einer breiten Flut, die von hohen und gesunden Hängen eingedämmt wurde – mal mit Wald bedeckt, mal mit wogendem Gras – und näherten uns gegen vier Uhr nachmittags den Bergen, unter denen sich die Verwaltungsstation von Nimule befindet. Bis dahin war der Lauf des Nils, seit er den Albertsee verlassen hatte, ruhig und offen gewesen – ein breiter, stetig fließender Fluss, der überall für Schiffe mit einem Tiefgang von nicht mehr als vier Fuß schiffbar war. Aber bei Nimule, nach einer Strecke von mehr als 170 Meilen ungehinderter Wasserstraße, macht der Fluss eine scharfe rechte Biegung und mündet in eine lange Reihe von Granitschluchten, durch die er in einem unaufhörlichen Katarakt 120 Meilen weit stürzt. Hier am Kopf dieser Stromschnellen muss eines Tages einer der großen Stauseen des Oberlaufs des Nils gebaut werden. „Ich verbrachte Stunden damit", sagte Sir William Willcocks, der „praktische Mystiker" des Wasserbaus, „die Baustelle zu betrachten und in einer Vision ein großes Regulierungswerk der Zukunft zu sehen." Und tatsächlich ist die exakte wissenschaftliche Kontrolle des gesamten riesigen Systems der zentralafrikanischen Gewässer, des Wasserstandes jedes Sees, der Strömung jedes Kanals, von Monat zu Monat und von Tag zu Tag das ganze Jahr über, eine Notwendigkeit, die so offensichtlich und unbestritten ist, dass man darüber keine Argumente anbringen kann.

Die Veränderung des Charakters des Flusses trennte uns schließlich von unserer Flottille. Von Nimule nach Gondokoro mussten wir wieder über Land weiter, und das schnelle und einfache Vorankommen der letzten Tage musste gegen das stetige Plackern des Marschierens eingetauscht werden. Es war diese Etappe, die mir immer als die gefährlichste und ungesundeste unserer ganzen Reise dargestellt worden war, und ich hatte mir acht Tage mühevolles Durchqueren von Sumpf und Wald inmitten von Miasma und Moskitos vorgestellt. Diese Erwartungen haben sich nicht bestätigt. Über die Nachteile des Weges entlang des Flussufers kann ich nicht sprechen; aber die obere Straße über die Berge ist sicherlich ausgezeichnet und gesund und verläuft durchweg über feste, trockene Hügel eines hellen, windigen, mit Buschwerk bedeckten Landes.

In Nimule berührten wir wieder den Telegrafendraht, und aus den von mir studierten Reuters-Aufzeichnungen erfuhr ich, dass das Parlament erst am 19. Januar zusammentreten würde. Das gab mir weitere zehn Tage Zeit, und ich begann zu begreifen, wie sehr der Geist dieser wundervollen Länder von mir Besitz ergriffen hatte, denn nur mit größtem Widerstreben und Mühe zwang ich mich, meine Heimreise fortzusetzen, ohne vorher mit dem Boot umzukehren und den Albertsee zu umrunden. Keine Anstrengung oder Unannehmlichkeit schien mir zu groß, um noch ein paar weitere Blicke auf diese verzauberten Meere und Gärten zu erhaschen, die ich vielleicht nie wieder sehen werde, deren Zauber ich aber nie loswerden werde. Träger, die von Tag zu Tag verköstigt werden mussten, der Dampfer der Sirdar, der an der Grenze zum Sudan wartete, öffentliche Versammlungen, die sich in weiter Ferne abzeichneten, trieben mich weiter, und mit einem Gefühl tiefen und echten Bedauerns machten wir uns auf den Marsch nach Gondokoro.

DURCHQUERUNG DES ASUA.

Dies gelang ereignislos in sechs Etappen, drei davon waren Doppelmärsche. Das Land war angenehm und gesund, die Landschaft imposant und die Luft war unter der strahlenden Sonne kühl. Jeden Morgen machten wir uns vor Tagesanbruch auf den Weg und lagerten gegen Mittag an einem der Nebenflüsse oder Bäche, die in den Nil münden. Von diesen war der Asua der wichtigste, und das Bild der langen *Safari* , die ihn durchquerte und zwischen den Palmen des Südufers sein Lager aufschlug, ist eines, das mir angenehm in Erinnerung bleibt. Aber eines muss ich sagen: Irgendwie ist nach Nimule der Zauber gebrochen, und keine der Regionen, die der Reisende auf dem langen Abstieg des Nils durchquert, lässt in irgendeiner Weise die köstlichen Empfindungen des Staunens und der Neuheit wieder aufleben, die mit dem Großen verbunden sind Seen und die Königreiche Uganda, Usoga und Unyoro, ganz zu schweigen von dem, was ich nicht sehen durfte – Toro, Ankole, die Semliki und die Berge des Mondes.

Am Ende des sechsten Tages kamen wir in Gondokoro an. Der letzte Marsch war lang und glühend heiß gewesen. Die Feuchtigkeit schien aus der Luft verschwunden zu sein, und die Vegetation, so reichlich sie auch vorhanden war, wirkte ausgedörrt und verkümmert. Die Zugänge nach Gondokoro werden von einer Herde von dreihundert Elefanten bedrängt, die einen besonders schlechten Ruf haben. Fast alle in Frage kommenden Stoßzähne wurden getötet. Die Weibchen und jungen Bullen sind wild und vorsichtig und üben, durch den häufigen Kontakt mit dem weißen Mann und geschützt durch die heiligen Wildgesetze, eine gesetzlose und tyrannische Macht über die gesamte Region aus. Überall sind ihre Verwüstungen zu sehen. Große Bäume, die in achtlosem Spiel umgeworfen wurden, einheimische Plantagen in Schutt und Asche gelegt, die Straßen für den Reisenden unsicher gemacht, der Postverkehr oft tagelang unterbrochen und gelegentliche Verluste an Menschenleben sind die Merkmale dieser Herrschaft. Und es scheint wahrscheinlich, dass es lange anhält , denn mir wurde mitgeteilt, dass die jungen Bullen etwa vierzig Jahre lang nicht ausgewachsen sein würden, und selbst dann nicht, da die beiden weißen Offiziere in der Station nicht mehr als einen Elefanten pro Stück schießen dürfen Jedes Jahr wird die Belästigung nur allmählich nachlassen.

Abtrünnige Elefanten sind natürlich zu jeder Zeit Freiwild, und am Tag vor unserer Ankunft in Gondokoro war der junge Beamte der Station einem Elefanten auf eine Weise begegnet, die er kaum vergessen würde. Denn nachdem er diesen Übeltäter einige Zeit lang verfolgt hatte, gelangte er schließlich in eine ausgezeichnete Position und wollte gerade aus einer Entfernung von dreißig Metern schießen, als plötzlich der Elefant, ohne auch nur zu trompeten, wütend auf ihn zustürmte und ihm keine Beachtung schenkte Als er von zwei schweren Kugeln in den Kopf getroffen wurde, jagte er den Offizier zweimal um einen ungewöhnlich kleinen Busch herum. und dann, abgelenkt durch das Schauspiel des fliegenden einheimischen Waffenträgers, wandte er sich dieser neuen Beute zu, überholte den armen Kerl und zerschmetterte ihn mit einem Schlag seines schrecklichen Rüssels in Stücke. „Dieses Tier ist sehr geschickt; wenn es angreift, wird es sich verteidigen." Wir erreichten den Bungalow, der als Regierungssitz dient, gerade rechtzeitig, um die Stoßzähne dieses Menschentöters zu sehen, der an seinen Wunden gestorben war und von dem Stamm, dessen Plantagen er so oft verwüstet hatte, hierher gebracht worden war.

Gondokoro ist, wie die meisten der Namen, die so eindrucksvoll auf der afrikanischen Landkarte erscheinen, keine dicht besiedelte Stadt. Es gibt etwa sechs Häuser und eine Anzahl einheimischer Hütten. Es gibt jedoch eine Telegrafenstation, ein Gefängnis, ein Gerichtsgebäude und die Linien einer Kompanie einheimischer Polizisten und der King's African Rifles. Hier wird der Nil wieder schiffbar und bietet einen ununterbrochenen Wasserweg, der großen Schiffen offen steht, bis der Shabluka-Wasserfall erreicht ist, hundert Meilen unterhalb von Khartum und fünfzehnhundert Meilen von Gondokoro. Und hier am Flussufer, durch ein Palmengeflecht hindurch gesehen, waren der weiße Schornstein und der Überbau des Dampfers der Sirdar mit all den Briefen und Zeitungen; und der, anstatt uns durch Uganda zu verfolgen, „auf die andere Seite gekommen war".

„Wäre auf der anderen Seite durchgekommen" – das ist ein leicht zu schreibender Satz, aber wie viel bedeutet er in der modernen Geschichte Afrikas! Vor zehn oder elf Jahren wäre diese Reise, die ich jetzt so leicht, so erfolgreich und so bequem machen konnte, völlig unmöglich gewesen. Das Derwischreich, das sich von Wady Halfa oder Abu Hamed bis Wadelai erstreckte, bildete eine harte Barriere, die nur ein verwüstetes Feld wegfegen konnte; und diese langen Abschnitte des Nils, die jetzt eine Flotte von fünfzig Dampfschiffen trugen, lagen still in der Umarmung einer verheerenden Barbarei. Ein grausames Gemetzel, das den Sand von Kerreri, zwölfhundert Meilen nördlich, mit *Jibba* -bekleideten Leichen „wie Schneewehen" übersät hatte, hatte eine Passage gesprengt, und der Nil war frei.

Als wir in Gondokoro an Bord gingen, verließen wir den Einflussbereich des Kolonialamtes und begaben uns in den Bereich jener undefinierten gemeinsamen Behörde, die den Sudan reguliert, an jedem öffentlichen Gebäude zwei Flaggen nebeneinander weht und mit der man nur über das britische Außenministerium korrespondieren kann.

DIE BELGISCHEN BEAMTEN IN LADO.

GONDOKORO.

Von da an verlief unsere Reise angenehm und regelmäßig. Obwohl ich keine offizielle Arbeit zu erledigen hatte und nur auf dem kürzesten Weg nach Hause kam, konnte ich den Sudan nicht ohne größtes Interesse durchqueren. Wenn man von Kairo aufgebrochen ist und den Nil hinauf nach Wady Halfa gewandert ist, die Wüstenbahn nach Atbara überquert hat und von dort zweihundert Meilen bis zur Schlacht von Omdurman marschiert ist, hat man das Gefühl, etwas vom Nil gesehen zu haben. Doch nun waren wir ihm von seiner Quelle aus fast fünfhundert Meilen in die andere Richtung gefolgt, und doch lagen noch zwölfhundert Meilen dazwischen, bevor wir Omdurman erreichten; und als der mächtige und unvergleichliche Fluss seine Länge und uralte Geschichte entfaltete, wuchsen die Gefühle der Ehrfurcht, ohne die kein Reisender sein süßes Wasser trinken kann, immer stärker.

Ich gebe niemandem Anerkennung für die konstruktive und rekonstruktive Arbeit, die Sir Reginald Wingate und seine fähigen Offiziere mit knappen Mitteln und trotz großer militärischer Gefahren im Sudan geleistet haben. Dennoch ist es nicht möglich, kontinuierlich den Nil von seiner Quelle bei Ripon Falls hinunterzusteigen, ohne zu erkennen, dass das Beste hinter einem liegt. Uganda ist die Perle. Die Nilprovinz und die Lado-Enklave bieten herrliche und verführerische Panoramen. Sogar der Marsch von Nimule nach Gondokoro führt durch eine fruchtbare und inspirierende Region. Doch danach stirbt die Schönheit der Landschaft und der Reichtum des Landes. Wir verlassen die Regionen reichlicher Niederschläge, äquatorialer Üppigkeit, fügsamer Völker, wunderschöner Vögel,

Schmetterlinge und Blumen. Wir betreten düstere und abweisende Gefilde, in denen die Natur grausam und unfruchtbar ist, in denen der Mensch fanatisch und oft mit Gewehren bewaffnet ist. Der Anbau, ja die Vegetation ist nur ein Streifen entlang des Flussufers, und selbst dort sind Dornbüsche und stachelige Aloe seine Hauptbestandteile. Wir betreten zwei aufeinanderfolgende Wüsten, die in ihrem Charakter so gegensätzlich und in ihrer Unwirtlichkeit so furchteinflößend sind wie Dantes Kreise des Infernos: die Wüste von Sudd und die Wüste von Sand.

BESPRECHUNG IN KHARTUM.

Etwa hundert Meilen von Gondokoro entfernt mündet der Weiße Nil in einen riesigen und entsetzlichen Sumpf und ergießt sich dort. Über die Wirkung dieses gewaltigen Schwammes, ob er nun die Strömung regulieren oder das Wasser durch Verdunstung vergeuden soll, muss hier nichts gesagt werden. Aber sein Anblick ist so düster und so furchterregend zugleich, dass eine Fahrt durch ihn ein unheimliches Erlebnis ist. Unser Dampfer schaffte bei günstiger Strömung mindestens sieben Meilen pro Stunde, und da Vollmond war, fuhren wir Tag und Nacht. Drei Tage und drei Nächte lang waren wir ununterbrochen in diesem schrecklichen Sumpf, in den man leicht das ganze Vereinigte Königreich hätte hineinzwängen können. Tagsüber bot sich vom Dach des hohen Steuerhauses aus Stunde um Stunde in alle Richtungen ein überwältigender Blick auf einen ununterbrochenen Ozean schwimmender Vegetation, der sich bis zum fernen Horizont erstreckte. Die Papyruspflanze ist an sich eine schöne, anmutige und ehrwürdige Pflanze. Wer durch den *Sumpf fährt*, wird ihn für immer hassen. Papyrus erhebt sich fünf Meter über dem Wasserspiegel, streckt seine Wurzeln sechs oder sogar neun Meter unter die Wasseroberfläche und ist so verfilzt und verwickelt, dass Elefanten sicher auf seiner elastischen Oberfläche laufen können. Er ist der Anfang und das Ende dieser melancholischen Welt. Hunderte von Meilen weit ist nichts anderes zu sehen — kein blauer Bergkamm am Horizont, kaum ein Baum, keine menschliche Behausung, keine Spur von Tieren. Die Stille wird nur durch das Quaken unzähliger Froscharmeen und das Geschrei düsterer Vögel unterbrochen.

Die intensiven Einsätze der *Sudd*-Kutter haben begonnen, und der ständige Verkehr der Dampfer hat einen Kanal von etwa hundert Yards Breite erhalten und verbessert, der sich in Schleifen und Spiralen durch den Sumpf windet. Der Fluss ist entlang dieses Verlaufs dreißig Fuß tief, und größere Schiffe könnten ihn fast tausend Meilen lang durchqueren. Die Navigation ist kompliziert und eigenartig. Tatsächlich scheint sie eine Kunst für sich zu sein. Die arabischen Lotsen, die allein beschäftigt sind, unternehmen keine Anstrengungen, Kollisionen mit den Ufern zu vermeiden. Im Gegenteil, sie verlassen sich auf sie als wesentliches Merkmal ihrer Führung des Dampfers. Das Schiff stößt regelmäßig an fast jeder Ecke von einem Sudd-Kissen *zum* anderen oder taucht seine Nase in das Schilf und wartet, bis die Strömung sein Heck herumträgt, stößt erneut und nimmt seine Richtung wieder auf. Manchmal, wenn die Kurven sehr scharf waren, drehten wir uns vollständig um, nicht nur einmal, sondern zwei- oder dreimal, und unsere Bewegungen um eine S-Kurve waren noch komplizierter. Die Stöße fegten uns gelegentlich aus unseren Stühlen und ließen uns der Länge nach auf dem Deck liegen. Auf diese seltsame Weise dümpelten wir etwa siebzig oder achtzig Stunden lang mit Höchstgeschwindigkeit dahin.

Inzwischen erfüllte der Nil sein Schicksal. Seine riesigen Nebenflüsse, der Sobat und der Bahr-el-Ghazal, verstärkten seine Strömung. Die Meilen breiteten sich hinter uns in einer langen Abfolge von Hunderten aus. Schließlich begannen sich die *plötzlichen* Weiten zusammenzuziehen. Ferne Berge ragen in gezackten Silhouetten vor dem stahlblauen Himmel auf und ziehen sich allmählich auf den Fluss zu. Inseln aus Erde und Bäumen, Spitzen aus scharfen Felsen unterbrechen hier und da die schreckliche Monotonie des wehenden Schilfs. Schließlich wurden die Ufer zu festen und klaren Wänden aus gelbem Sand, stellenweise gesäumt von Palmen und Schatten spendenden Bäumen und überall strotzend von Dornengestrüpp. Wir verlassen die Wildnis der Feuchtigkeit und nähern uns der Wildnis der Dürre. Doch zunächst, in einer mittleren Region, säumen nun weite Flächen staubiger, mit Buschwerk bedeckter Ebenen beide Seiten des Flusses, die in der Regenzeit nicht völlig unbrauchbar sind und immer Herden und Viehherden ernähren. Die Kamelkarawanen trotten langsam über sie hinweg unter der Glut und dem Glitzern der Hitze. Die Fata Morgana beginnt sich zu winden und die Landschaft mit trügerischen Wassern zu verschwimmen. In Abständen von vierzig oder fünfzig Meilen liegen die Stationen der Sudanregierung, jede ordentlich und regelmäßig mit ihren öffentlichen Gebäuden, ihren Lagerhäusern, den Reihen der bienenkorbförmigen Hütten ihrer Garnison, einem Gewirr einheimischer Segelboote und immer oder fast immer ein oder zwei weißen Kanonenbooten aus Kriegszeiten, die jetzt zu Flusspolizisten umfunktioniert wurden.

So erreichen wir rechtzeitig Faschoda – jetzt der alten Sache wegen Kodok genannt; und hier stehen Gruppen von Schillucken, die (auf Wunsch) in ihrer natürlichen Haltung nachdenklich auf einem Bein stehen, und elegante Kompanien sudanesischer Truppen und britischer Offiziere, zivil und militärisch – die ganze Fläche ist unter sonnenglühendem, trockenem Licht, nur durch tanzende Staubteufel verhüllt, die von starken, heißen Winden jämmerlich aufgepeitscht werden. All dies war für mich wie ein Stück des Omdurman-Feldzugs – der alte, vertraute Sudan, der den Briten während fast zwanzig Jahren Krieg so oft mit Stift, Bleistift und Fotografie bekannt gemacht wurde, entfaltete sich Zug für Zug. Und doch waren wir immer noch fünfhundert Meilen südlich von Khartum!

EIN SHELUK IN KODOK (FASHODA).

In Meshra-er-Zeraf machten wir auf Einladung des Sirdar zwei Tage Halt, um in dem ausgedehnten Wildreservat zu schießen, und hatten das Glück, einen Büffel und verschiedene Antilopen zu erlegen. Wir wanderten durch ein raues Land mit weißem Sand und Büscheln groben Grases, das eher grau als grün war, mit dicht verwachsenen, blattlosen schwarzen Dornbäumen; und doch schien es voller Wild zu sein. In einem dreistündigen Marsch am zweiten Morgen erlegte ich einen schönen Wasserbock, zwei Riedböcke und zwei aus einer wunderschönen Herde Pferdeantilopen, die langsam an unserem Hinterhalt vorbei zum Wasser liefen. Und man sollte nicht vergessen, dass die Freude und Aufregung eines solchen Sports in diesen Gegenden immer noch dadurch gesteigert werden, dass die Jäger jederzeit auf Wild von viel ernsterer Qualität stoßen können – Löwen oder Büffel; sodass sich niemand mehr als ein paar Meter von seinem schweren Gewehr entfernt aufhalten oder seine Aufmerksamkeit ganz dem Bock widmen möchte, den er verfolgt. Sicherlich sind es verkehrte, unternehmungslustige

Leute, die jedes Jahr ein Vermögen dafür ausgeben, mit so viel künstlicher Sorgfalt und zum Leidwesen der anderen Bewohner einer kleinen Insel wohlgezählte Herden mehr oder weniger zahmer Hirsche zu erhalten, während sie in einem Monat und für weniger Geld als die Jahresmiete ihrer Wälder wilde Tiere aller Art in ihren natürlichen Lebensräumen jagen und Erfahrungen sammeln könnten, die ihnen ein Leben lang von Nutzen wären.

Ich war so begeistert von diesem lustigen Morgensport und der nahenden Annäherung an zivilisierte Verhältnisse – denn schließlich ist Kontrast ein Element des Vergnügens –, dass ich mich über den sicheren und glücklichen Ausgang dieser langen Reise freute und frohlockte, dass wir völlig immun gegen schwere Unfälle, Krankheiten oder sogar Fieber waren. Wie übertrieben waren die Schilderungen der Gefahren einer Reise durch Afrika! Wie leicht war es, den bösen Zufällen der Reise aus dem Weg zu gehen! Vernünftige Vorsichtsmaßnahmen, regelmäßige Bewegung, regelmäßige Chinin-Einnahme – waren das nicht an sich schon Garantien für Sicherheit? So rechnete ich, und zwar aus fadenscheinigen Gründen, aber zu einer schlechten Stunde. Wir waren noch nicht am Ende unserer Reise.

Nach 24 Stunden Fahrt von Meshra-er-Zeraf näherten wir uns Khartum. Der Charakter des Landes war unverändert. Gelbe Sandhänge tranken bis zum Nilrand; Dornbüsche säumten den Fluss auf beiden Seiten; aber Dattelpalmen mischten sich noch häufiger und zahlreicher mit der Vegetation, und Dörfer aus braunem Lehm mit brauner Lehmfarbe vermehrten sich, während die Meilen schnell vorbeizogen. Schließlich machte uns ein einsamer majestätischer Baum, unter dessen breiten Zweigen und üppigem Laub hundert Menschen Schutz vor der unbarmherzigen Sonne gefunden hätten – Gordons Baum – auf die Nähe von Khartum aufmerksam. Bald kam auf dem einen Ufer das riesige Schlammlabyrinth von Omdurman in Sicht, mit Wäldern aus Masten, die sich entlang des Ufers erhoben, und auf dem anderen Ufer, zwischen immer dichter werdenden Palmenhainen, erhoben sich die blauen und rosa und purpurnen Minarette des neuen Khartum. Khartum – das neue Khartum, das in Reichtum und Schönheit aus seinen Ruinen auferstanden ist – eine lächelnde Stadt, die wie eine Königin am Zusammenfluss der Nile thront, das Herz und Zentrum einer weitreichenden und furchterregenden Autorität, offenbarte sich dem Auge des Reisenden. Der Dampfer biegt scharf nach rechts ab, verlässt die trüben, ruhigen Gewässer des souveränen Flusses, dem wir so lange gefolgt sind, und nimmt eine turbulentere Strömung klareren Wassers in Kauf, um stromaufwärts entlang seines edlen Lehens, des Blauen Nils, zu segeln. Und an hohen, von Palmen gekrönten Steindämmen vorbei, erreicht der Dampfer einen modernen orientalischen Hafen und eine Stadt und ist bald von Palästen, Moscheen, Lagerhäusern und Kais umgeben.

in allen Bereichen der Regierungstätigkeit in jeder Provinz des Sudan stetige und bemerkenswerte Fortschritte erzielt . Die Ordnung wurde hergestellt und wird selbst in den entlegensten Teilen Kordofans erfolgreich, wenn auch prekär, aufrechterhalten. Die Eisenbahn hat das Südufer des Blauen Nils erreicht, verbindet Khartum mit Kairo und dem Roten Meer und wartet nur noch auf den Bau einer Brücke, um den Fluss zu überqueren und in die fruchtbaren Regionen des Ghezireh zu gelangen. Eine zahlreiche Flotte von Dampfschiffen sorgt für eine schnelle und regelmäßige Kommunikation entlang der großen Wasserstraßen. Die Einnahmen stiegen von einigen Tausend pro Jahr im Jahr 1899 auf deutlich über eine Million Pfund im Jahr 1907. Verbesserte Methoden der Landwirtschaft haben den Wohlstand des Landes erhöht; Die Verhinderung von Massakern und Hungersnöten hat begonnen, die Bevölkerung wiederherzustellen. Die Sklaverei wurde abgeschafft, und ohne die Religion zu verletzen oder die Bräuche der Menschen ernsthaft zu stören, wurde ein gewisses Maß an Bildung und Handwerkskunst eingeführt.

Diese großen Veränderungen, die im ganzen Sudan sichtbar sind, werden nirgends in so eindrucksvoller und eindrucksvoller Form dargestellt wie in der Hauptstadt. Aus den Ruinen, in denen Gordon starb, ist ein geräumiger Palast in einem wunderschönen Garten entstanden. Breite, elektrisch beleuchtete Straßen, gesäumt von ausgezeichneten europäischen Geschäften, führen mit geometrischer Präzision durch die Stadt. Ein System von Dampfstraßenbahnen in Verbindung mit Fähren, das hauptsächlich von den Einheimischen genutzt wird, erleichtert die Kommunikation in ganz Khartum und zwischen Khartum, Omdurman und Halfyah. Ein Halbkreis aus massiven, nach einem Verteidigungsplan angeordneten Kasernen schützt die Zugänge zum Land. Das Gordon College summt vor akademischer Aktivität – Moslems und Christen, Literatur oder Kunsthandwerk; und siebentausend Soldaten aller Uniformen marschieren bei feierlichen Anlässen an den britischen und ägyptischen Flaggen vorbei.

GEORGE SCRIVINGS.

Doch weder diese inspirierenden Tatsachen – die im Vergleich zu meinen Erinnerungen von vor zehn Jahren noch eindrucksvoller waren – noch die großzügige Gastfreundschaft des Sirdar – der mehr als jeder andere für diese ganze gewaltige Aufgabe des Wiederaufbaus und der Wiederbelebung verantwortlich war – konnten verhindern, dass ich einen düsteren Eindruck von Khartum mitnahm. Als unser Dampfer sich der Anlegestelle näherte, erfuhr ich, dass mein englischer Diener George Scrivings plötzlich erkrankt war, und fand ihn in einem Zustand der Erschöpfung mit einer seltsamen blauen Farbe unter seiner Haut. Gute Ärzte wurden gerufen. Das Krankenhaus von Khartum mit all seinen Ressourcen war in der Nähe. Es schien keinen Grund zu geben, einen tödlichen Ausgang zu befürchten. Aber er hatte eine heftige innere Entzündung befallen, die Folge des Verzehrs einer giftigen Substanz, der wir anscheinend entkommen waren, und starb am nächsten Morgen früh nach fünfzehnstündiger Krankheit mit fast allen Symptomen der asiatischen Cholera.

Tatsächlich hatte ich zu früh gewagt, mich zu freuen. Afrika fordert immer seine Verluste; und so kehrten von den vier weißen Männern, die gemeinsam von Mombasa aus aufgebrochen waren, nur drei nach Kairo zurück. Bei einer militärischen Beisetzung werden die beiden beeindruckendsten Rituale der Welt vereint. Am Tag nach der Schlacht von Omdurman fiel es mir zu, die Soldaten der 21. Lancers zu begraben, die in der Nacht an ihren Wunden gestorben waren. Nun, nach neun Jahren, unter ganz anderen Umständen, war ich vom anderen Ende Afrikas an diesen düsteren Ort zurückgekehrt, wo so viel Blut vergossen wurde, und wieder stand ich an einem offenen Grab, während der gelbe Glanz des Die untergegangene Sonne hing noch immer über der Wüste, und der Lärm der Begräbnissalven durchbrach ihre Stille.

Den Rest unserer Reise legten wir in Touristengebiete zurück, und die bequemen Schlafwagen der Wüstenbahn sowie die angenehmen Passagierdampfer der Strecken Wady, Haifa und Assuan brachten uns bald erfolgreich und ohne Zwischenfälle nach Oberägypten und von dort weiter nach Kairo, London und an den Rest der Welt.

PHILAE.

KAPITEL XI

DIE VICTORIA-UND-ALBERT-EISENBAHN

Meine Reise ist zu Ende, die Geschichte ist erzählt, und der Leser, der mir so treu und bis hierher gefolgt ist, hat das Recht zu fragen, welche Botschaft ich mitbringe. Sie lässt sich in drei Worten zusammenfassen: Konzentrieren Sie sich auf Uganda!

Im größten Teil des nordöstlichen Viertels Afrikas ist der britische Einfluss oder die britische Autorität in der einen oder anderen Form vorherrschend. Aber wenn ich meine Gedanken über all diese riesigen Weiten schweife, abgesehen von Ägypten, gibt es keine Region, die Aussichten bietet, die mit denen des Protektorats Uganda an Hoffnung vergleichbar wären. Der Sudan ist in seiner Ausdehnung und Bedeutung weitaus größer, und Großbritannien ist in dieser Hinsicht kostenlos. Aber der Sudan ist in der Fruchtbarkeit deutlich unterlegen. Das Ostafrikanische Protektorat besitzt nicht nur riesige Küstengebiete von großem Wert, sondern auch edle Hochebenen, wo die Luft so kühl ist wie eine englische Quelle. Aber wir geben für Ostafrika – und für die Bedürfnisse seiner teuren weißen Siedler – bereits mehr aus als die gesamten Einnahmen Ugandas; und doch ist das Versprechen nicht so rosig. Nordsomalia ist eine Wüste aus Felsen und Dornbüschen, bevölkert von mit Gewehren bewaffneten Fanatikern, für die wir fast halb so viel ausgeben wie die gesamte jährliche Hilfshilfe Ugandas. Und zwischen Somaliland und Uganda zeigt sich dieser Kontrast in seiner gröbsten Form – ein karges Land mit gefährlichen Bewohnern; und ein fruchtbares Land mit einem fügsamen Volk. Was am wenigsten wertvoll ist, ist am schwierigsten zu halten; was am meisten wert ist, ist am einfachsten.

Die Vereinigung unter wissenschaftlicher Leitung in Uganda (und ich schließe in diesen populären Namen Usoga, Unyoro, Toro und Ankole usw. ein) von beispielloser Fruchtbarkeit mit einer Bevölkerung von hoher Intelligenz und sozialer Qualität in einer Region mit außergewöhnlichen Wasserstraßen muss, sofern nicht einige Sollte ein schwerwiegender Fehler oder eine Vernachlässigung eintreten, kann dies zu bemerkenswerten wirtschaftlichen Entwicklungen führen. Bereits jetzt kommt mehr als die Hälfte des Verkehrs, der über die Eisenbahnstrecke nach Mombasa fährt, von jenseits des Sees. Dennoch wurde bisher kaum Geld für Uganda ausgegeben. Es gibt keine europäischen Straßen, es wurden keine Eisenbahnen gebaut, es werden keine Wasserfälle genutzt, es wurden keine ernsthaften öffentlichen Arbeiten durchgeführt. Ein dürftiger kleiner Zuschuss reichte kaum aus, um die laufenden Kosten der europäischen Verwaltung zu decken, und für die Entwicklung des Landes stand praktisch nichts in Form von Bargeld oder Krediten zur Verfügung. Aber es ist von selbst lebendig. Es ist lebenswichtig; und meiner Meinung nach sollte es trotz seiner Insekten und Krankheiten im Laufe der Zeit das wohlhabendste aller unserer Besitztümer in Ost- und Zentralafrika und vielleicht das finanzielle Antriebsrad dieses ganzen Teils der Welt werden. Es liegt mir nicht am Herzen, das Ostafrikanische Protektorat zu verunglimpfen oder eine Einschränkung seiner Aktivitäten oder Unterstützung vorzuschlagen. Beide Protektorate sind füreinander notwendig und sollten gemeinsam voranschreiten; Aber angesichts ihrer relativen Lage und angesichts der heutigen Situation lautet mein Rat eindeutig: „Konzentrieren Sie sich auf Uganda!" Nirgendwo sonst in Afrika reicht ein bisschen Geld so weit. Nirgendwo sonst werden die Ergebnisse brillanter, gehaltvoller und schneller realisiert.

Baumwolle allein sollte das Vermögen Ugandas ausmachen. Alle besten Baumwollqualitäten können in höchster Perfektion angebaut werden, hunderttausend intelligente Landbesitzer, die zwanzigtausend Quadratmeilen geeigneten Bodens bewohnen, sind bestrebt, sich am Anbau zu beteiligen. Eine fleißige und organisierte Bevölkerung bietet die notwendigen Arbeitskräfte. Lediglich auf Wunsch der Regierung wurde in ganz Uganda versuchsweise Baumwolle in beträchtlichem Umfang angebaut. Die Produktionszahlen zeigen – obwohl es sich natürlich nur um die ersten Anfänge handelt – eine überraschende Ausweitung. Es ist große Sorgfalt erforderlich, und es wurden bereits Schritte unternommen, um sicherzustellen, dass die Qualität der aus Uganda exportierten Baumwolle nicht durch übereiltes oder unvorsichtiges Handeln beeinträchtigt oder ihr Ruf geschädigt wird, dass nur die Samen verteilt werden, die die besten Ergebnisse liefern, und dass dies nicht der Fall ist Eine wahllose Vermischung sollte erlaubt sein. Die Regierung muss die Kultur kontrollieren. Experten müssen die Entkörnungsbetriebe überwachen und den einheimischen Landwirt schulen. Um die Vermarktung der Ernte zu ermöglichen, müssen Straßen gebaut werden. Die wissenschaftliche Organisation der Baumwollanbauressourcen Ugandas ist nun endgültig in Angriff genommen. Für diesen Zweck wird in Zukunft ein Sonderzuschuss von 10.000 Pfund pro Jahr bereitgestellt, und der gesamte Prozess wird von europäischen Beamten überwacht, die über das Kolonialamt in engem Kontakt mit den höchsten Behörden von Manchester und der British Cotton-Growing Association stehen. Nach Meinung der fähigsten Beobachter wird es in den nächsten fünf Jahren eine sehr bemerkenswerte Entwicklung in der Baumwollproduktion geben, auch wenn die Mittel, die zu ihrer Förderung zur Verfügung stehen, weiterhin dürftig sind.

Aber Baumwolle ist nur eines jener tropischen Produkte, nach denen die Nachfrage der zivilisierten Industrie nahezu unersättlich ist und die nirgendwo auf der Welt billiger, einfacher und perfekter angebaut werden können als zwischen den Gewässern der beiden großen Seen. Kautschuk, Fasern, Zimt, Kakao, Kaffee und Zucker können alle im größten Maßstab angebaut werden; Urwälder mit seltenen und wertvollen Hölzern warten auf die Axt; Und auch wenn Ugandas Reichtum an Bodenschätzen vielleicht nie seinen hektischen Glanz verleihen wird, werden die wirtschaftlichen Grundlagen seines Wohlstands sicher auf einer reichen und vielfältigen Landwirtschaft basieren. Es kann niemals ein Siedlerland sein. Was auch immer das Schicksal der ostafrikanischen Highlands sein mag, die Ufer der großen Seen werden niemals der ständige Wohnsitz einer weißen Rasse sein. Es ist ein Plantagenland, in dem die Arbeit der einheimischen Bevölkerung durch überlegene Intelligenz und externes Kapital organisiert und gesteuert werden kann. Ich für meinen Teil freue mich darüber, dass die physischen Bedingungen des Landes das Wachstum einer kleinen weißen Gemeinschaft im Herzen des glücklichen Ugandas verhindern, mit den harten und selbstsüchtigen Ideen, die den eifersüchtigen Kontakt der Rassen und die Ausbeutung der Menschen kennzeichnen schwächer. Lass es ein „Pflanzerland" bleiben. Anstatt die Agenten aufgeregter Syndikate zu sein, deren Geist in die Gewinne tausende Meilen entfernter Aktionäre vertieft ist, sollten die Pflanzer Europäer mit Substanz und Charakter sein, die ihre Kenntnis der Einheimischen und ihre Fähigkeit, geschickt und gerecht damit umzugehen, unter Beweis gestellt haben Sie, oder noch besser – sage ich – sollen sie die uneigennützigen Beamten der Regierung sein, die die Entwicklung des Landes weder in ihrem eigenen noch in irgendeinem anderen finanziellen Interesse lenken, sondern zum allgemeinen Wohl seiner Bevölkerung und des Imperiums es bildet einen Teil.

Aber wenn die unmittelbare Wende der britischen Politik in Ostafrika unbeschadet, aber mit Vorrang gegenüber anderen Provinzen dazu dienen soll, die wirtschaftliche und soziale Entwicklung Ugandas zu beschleunigen, welche ersten Schritte sind dann zu unternehmen? Über Forstwirtschaft und Landwirtschaft könnte ich viel zu sagen haben; eines erweiterten Systems technischer Ausbildung ähnlich dem am Gordon College in Khartum, das hier möglicherweise teilweise durch Zuschüsse zugunsten der bestehenden Missionsschulen erreicht werden soll; des Straßenbaus, der für den Fortschritt unverzichtbar ist, des Kraftverkehrs und der Wasserkraft. Aber lassen Sie mich meine Botschaft kurz und klar formulieren und wie zuvor in drei Worten ausdrücken: „Bauen Sie eine Eisenbahn."

Die Ansammlungen von Kolonialbesitzungen, die so schnell und mit so wenig Kosten und Blutvergießen an der Ost- und Westküste Afrikas erworben wurden, werden sich zweifellos als ein unschätzbar wertvolles, wenn nicht gar notwendiges Merkmal des Britischen Empires erweisen. Aus diesen riesigen Plantagen werden die Rohstoffe für viele unserer wichtigsten

Industrien bezogen; ihnen wird ein kontinuierlicher und wachsender Strom britischer Produkte zufließen; und in ihnen können die besonderen Begabungen für die Verwaltung und die hohen bürgerlichen Tugenden unserer Rasse eine gesunde und ehrenhafte Entfaltung finden. Einige dieser großen Ländereien, wie Südnigeria an der Westküste, sind bereits so wohlhabend, dass sie sich nicht nur selbst tragen, sondern auch in der Lage sind, den Fortschritt weniger fortgeschrittener Nachbarn mit Krediten und Subventionen zu unterstützen. Andere belasten unsere Haushaltsrechnungen noch immer. Wir müssen jährlich mehr oder weniger beträchtliche Zuschüsse für Nordsomaliland, das Ostafrikanische Protektorat, Nyassaland und Uganda aufbringen. Schwer auf den Finanzen der gesamten Ostküste lastet die Kapitallast der Uganda-Eisenbahn. Diese Belastungen werden in keiner Weise gemildert oder beseitigt, außer durch den wirtschaftlichen Aufschwung eines oder mehrerer der betroffenen Gebiete oder durch die Zunahme des Eisenbahnverkehrs entlang der Uganda-Hauptstraße infolge der Entwicklung. Unter den gegenwärtigen Bedingungen sind die von Jahr zu Jahr erzielten Fortschritte stetig und ermutigend. Die Belastungen der Kolonialhaushalte nehmen jedes Jahr regelmäßig ab. Jedes Jahr wird die Verwaltung der verschiedenen Regierungen ausgefeilter, effizienter und folglich teurer. Die zusätzlichen Belastungen werden immer vollständiger durch die Erträge eines dankbaren Bodens gedeckt. Abgesehen von den Möglichkeiten von Krieg, Aufstand, Pest und Hungersnot, die über der Kindheit tropischer Protektorate brüten, aber abgewendet oder kontrolliert werden können, wäre es leicht, einen nicht zu weit entfernten Zeitpunkt zu berechnen, ab dem alle Beiträge des britischen Steuerzahlers unnötig wären. Der Verlauf der Ereignisse ist ermutigend; aber es gibt eine Methode, mit der er viel sicherer und viel schneller erfolgen kann, mit der alle widrigen Chancen minimiert und alle vorhandenen Ressourcen stimuliert und vervielfacht werden – Eisenbahnen.

Ich würde sogar so weit gehen zu sagen, dass es reine Zeit- und Geldverschwendung ist, zu versuchen, ein großes afrikanisches Land ohne Eisenbahn zu regieren oder gar zu entwickeln. Ohne mindestens eine zentrale, schnelle Kommunikationslinie durch das Herz des Landes kann es weder Sicherheit noch Fortschritt noch Wohlstand geben. Wo, wie in Nordsomaliland, das Land selbst völlig wertlos ist, eine reine Wüste aus Felsen und Gestrüpp, oder wo die militärischen Gefahren übermäßig und in keinem Verhältnis zu den Ergebnissen stehen, die jemals erzielt werden können, sind Rückzug und Konzentration die richtige Strategie. Aber wenn aus irgendeinem Grund entschieden wird, zu bleiben und zu verwalten, wird eine Eisenbahn zur absoluten Notwendigkeit. Bis dahin ist jede zivilisierte Regierung extravagant und prekär und jeder profitable Handel praktisch unmöglich. Diese Überlegungen haben kürzlich eine britische Regierung dazu veranlasst, die ausgedehnten, fast 600 Meilen langen Eisenbahnen zu genehmigen, die derzeit in Nord- und Südnigeria schnell gebaut werden; und dieselben Argumente gelten, wenn auch meiner Ansicht nach mit noch größerer Kraft, für das Protektorat Uganda.

Es wird normalerweise nicht erkannt, dass die Uganda-Eisenbahn nicht durch Uganda führt. Es ist die Eisenbahn *nach* Uganda und nicht *nach* Uganda. Kurz vor dem Land, nach dem es benannt ist, bleibt es stehen und stürzt, erschöpft von den Anstrengungen und Wechselfällen, fieberhaft damit zufrieden, das Wasser des Victoria Nyanza zu umspülen. Uganda wird erreicht, aber nicht durch Dampfverbindungen in irgendeiner Form durchquert. Doch die Verlängerung der Eisenbahn von den Westufern des Victoria bis zum Albert Nyanza würde sie nicht nur durch einen Großteil des wertvollsten und fruchtbarsten Landes in ihrem Umkreis führen, sondern, wie ich zeigen werde, ihre effektive Reichweite weit mehr als verdoppeln.

Es kann als Grundsatz gelten, dass es sich beim gegenwärtigen Stand der Entwicklung in diesen afrikanischen Protektoraten kaum jemals lohnt, und ich glaube sogar nie, dass es sich lohnt, Eisenbahnen in Konkurrenz zu Wasserstraßen zu bauen. Eisenbahnen sollten in neuen Ländern eine Ergänzung und nicht ein Ersatz für Seen und schiffbare Flüsse sein. Zweifellos weisen direkte Durchgangsstrecken der Eisenbahn, bei denen die Masse nicht unterbrochen wird und alle Verzögerungen und Umstiege vermieden werden, einen imposanten Vorteil im Vergleich zu einem bloßen Wechsel von Wasserwegen und Eisenbahnverbindungen auf. Es besteht kein Zweifel, welches das bessere ist, wenn man nur die Kostenfrage außen vor lässt. Aber es ist gerade diese nicht zu vernachlässigende Kostenfrage, die den Vorschlag von Anfang an lautstark dominiert. Denn Länder erster Klasse können sich erstklassige Eisenbahnen und *Luxuszüge leisten* , aber Länder zweiter Klasse müssen weniger ehrgeizig sein, und junge, neu im Dschungel geborene Länder sind zufrieden oder sollten es sein, wenn sie überhaupt eine Eisenbahn bekommen . Die Unterschiede zwischen der besten und der schlechtesten Eisenbahn der Welt sind zweifellos beeindruckend. aber sie werden völlig unbedeutend, wenn man sie mit dem Unterschied zwischen der schlechtesten Eisenbahn der Welt und überhaupt keiner Eisenbahn vergleicht. Beachten Sie, dass der Vergleich weder mit perfekten europäischen Kommunikationslinien noch mit etwas Vergleichbarem erfolgt, noch nicht einmal mit einem Wagen auf einer Autobahn. Mit einer joggenden, grunzenden, keuchenden und scheiternden Reihe schwankender Kulis, zu Lasttieren reduzierten Männern, muss die neue Pionierlinie verglichen werden – das heißt mit der schmerzhaftesten, erniedrigendsten, langsamsten und schwächsten Methode Transportmittel, das jemals die Welt in Ungnade gefallen hat. Und im Vergleich dazu ist jede

Dampfkommunikationslinie, wie primitiv, wie leicht, wie unterbrochen sie auch sein mag, der Himmel.

Ich bemühe mich, den Leser zu einem positiven Vorschlag von bescheidenem und praktischem Charakter zu führen, ich meine den Bau einer neuen Eisenbahn, die man „Victoria and Albert Railway" nennen könnte, obwohl sie praktisch eine Verlängerung der bestehenden Uganda-Linie wäre . Diese Eisenbahn sollte das Land zwischen den großen Seen durchqueren und diese beiden edlen Stauseen mit all ihren jeweiligen Flussverbindungen miteinander verbinden. Die Entfernung ist nicht groß. Zweihundertfünfzig Meilen würden die größte Berechnung übersteigen; und vielleicht würde eine Linie von 150 Meilen ausreichen. Wenn die Kosten dieser Eisenbahn, wie mir mitgeteilt wurde, angemessen sind und maximal 5.000 Pfund pro Meile betragen würden, läge die Gesamtsumme zwischen 1.250.000 und 750.000 Pfund.

Der größte Vorteil einer Eisenbahnmündung an einem großen See besteht darin, dass jeder Punkt am Seeufer sofort in nahezu gleiche Verbindung mit dem Gleiskopf gebracht wird. Dampfer fahren auf Rundfahrten umher, und was auch immer Handel oder Verkehr entlang des gesamten Umfangs bieten, wird schnell zur Eisenbahn befördert. Tatsächlich sind Seen die Einzugsgebiete des Handels, und durch ihre Erschließung und Vereinigung kann das Wirtschaftsleben Zentralafrikas am einfachsten und schnellsten angekurbelt werden.

Zwei Strecken bieten verschiedene konkurrierende Vorteile, die die Victoria and Albert Railway nutzen kann. Die erste, die offensichtlichste, begehrteste und teuerste, führt quer durch die Highlands von Toro, durch das Beste des Baumwolllandes, von einem Punkt am Viktoriasee in der Nähe von Entebbe bis zu der Stelle, an der der Semliki-Fluss mündet südliches Ende des Lake Albert. Der zweite würde praktisch in die Fußstapfen treten, die auf diesen Seiten aufgezeichnet sind. Es gibt keinen direkten Anschluss. Es führt nicht auf seiner gesamten Länge durch kultiviertes und bewohntes Land. Am bequemsten Ende erreicht man den Albert Lake nicht. Aber es ist viel billiger als das andere. Es ist nur 135 Meilen lang statt fast 250. Es verbindet nicht nur die beiden großen Seen, sondern auch den Chiogasee mit all seinen Kanälen und Nebenflüssen in einem System ununterbrochener Dampfverbindung.

Kurz gesagt würde dieses letztere Projekt aus zwei Eisenbahnverbindungen bestehen: die erste etwa sechzig Meilen lang von Jinja (oder Ripon Falls) nach Kakindu, dem ersten Punkt, an dem der Victoria-Nil schiffbar wird, und die zweite etwa 75 Meilen lang von der Nachbarschaft von Mruli bis zum Nil unterhalb der Murchison Falls und nahe seiner Mündung in den Albert. Durch diese beiden Eisenbahnabschnitte, die zusammen nur 135 Meilen lang sind, würde ein wunderbares Ausmaß an Wasserstraßen beherrscht; nämlich: 1. Dreißig Meilen des Viktoria-Nils, schiffbar von Kakindu bis zum Chioga-See. 2. Der Chioga-See selbst mit seinen langen Armen und Golfen, die sich tief in die gesamten fruchtbaren Regionen südwestlich des Mount Elgon erstrecken und einen Umfang schiffbarer, mit Dampfern erreichbarer Küstenlinie von sicherlich nicht weniger als 250 Meilen bieten. 3. Der gesamte schiffbare Abschnitt des Victoria-Nils vom Lake Chioga bis Foweira, wenn die Stromschnellen, die in den Murchison Falls enden, wieder beginnen – 70 Meilen. 4. Dreißig Meilen von unterhalb der Wasserfälle bis zum Albert Lake. 5. Die gesamten Ufer des Albert Lake – 250 Meilen. 6. Der Fluss Semliki ist sechzig Meilen lang schiffbar (sobald eine Sandbank passiert wurde). 7. Die herrliche Weite des Weißen Nils vom Albert Lake bis Nimule – 120 Meilen. Durch den Bau einer Eisenbahnstrecke von nur 135 Meilen könnte eine schnelle moderne Kommunikation über eine Gesamtstrecke von 800 Meilen hergestellt werden: oder für eine Verlängerung um ein Fünftel ihrer Länge und ein Achtel ihrer Kosten gegenüber dem effektiven Radius der Uganda-Eisenbahn würde sich mehr als verdoppeln. Derartige Eisenbahnvorschläge sind rar gesät.

Ich greife der Wahl dieser beiden Routen nicht vor. Beide werden nun sorgfältig begutachtet. Die Vorteile der längeren und ehrgeizigeren Strecke durch Toro sind vielleicht größer. Aber auch die Kosten sind fast doppelt so hoch; und die Kosten sind ein entscheidender Faktor – nicht nur für die Regierung, die Geld aufbringen muss, sondern noch mehr für die wirtschaftliche Solidität eines Unternehmens, das dauerhaft lahmgelegt ist, wenn seine ursprünglichen Kapitalanforderungen deutlich über dem geschätzten Ertrag liegen dürfen. Die Frage erfordert eine gründliche und geduldige Prüfung, die beste Abwägung zwischen Wettbewerbsvorteilen und die reibungslosesten Kompromisse zwischen dem Praktischen und dem Idealen.

Aber lasst uns jetzt auf eine Zeit blicken – ich glaube nicht, dass sie so fern ist –, in der die Strecke zwischen dem Victoria- und dem Albert-See auf dem einen oder anderen Weg von einer Eisenbahn überbrückt wurde und in der die Berge des Mondes kaum vier Tage dauern ' Reise von Mombasa. Die britische Regierung wird dann über den kürzesten Weg in den Ostkongo verfügen. Die ugandische Eisenbahn wird in der Lage sein, Tarife für Waren und Eisenbahnmaterial anzubieten, mit denen keine andere jemals gebaute Strecke jemals konkurrieren kann. Der gesamte bereits beträchtliche, wenn auch noch unterdrückte Handel, der schwach über die Hälfte Afrikas durch Boma zum Atlantik zurücksickert, der verzweifelt nach einem Abfluss nach Norden sucht und der heute in Tröpfchen durch Uganda sickert, wird schnell fließen und das in großem Maße zum Nutzen aller beteiligten Parteien entlang der Uganda-Achse, wodurch diese Linie mit stetigem

Impuls vom *Status* einer politischen Eisenbahn auf die Ebene eines soliden Handelsunternehmens gehoben wurde. Auf keine andere Weise wird der britische Steuerzahler sein Kapital zurückerhalten. Die Vorteile sind groß und der Aufwand moderat. Größere Überlegungen können den Bau verzögern, und die zwingende Notwendigkeit umfassendster Untersuchungen wird den Bau auf jeden Fall verzögern. aber ich kann nicht daran zweifeln, dass die Victoria- und Albert-Eisenbahn jetzt das wichtigste Projekt ist, das in der gesamten Gruppe von Protektoraten, die Sir Frederick Lugard stolz „unser Ostafrikanisches Reich" nannte, auf die Umsetzung wartet.

Aber gehen wir in der Entwicklung der Kommunikation Nordostafrikas noch einen Schritt weiter. Wenn eine Verlängerung der Uganda-Eisenbahn den Albert Nyanza erreicht, wird nur noch eine Verbindung fehlen, um das gesamte Schienen- und Wasserstraßensystem Ostafrikas und Ugandas mit dem riesigen Eisenbahn- und Flusssystem Ägyptens und des Sudan zu verbinden Uganda mit der Wüstenbahn, um die Schifffahrt auf den großen Seen mit der Schifffahrt auf dem Blauen und Weißen Nil zu verbinden. Es wird nur ein Link fehlen, und zwar ein sehr kurzer; die Entfernung von 110 Meilen von Nimule nach Gondokoro, wo der Nil durch Katarakte unterbrochen wird. Über den kommerziellen Nutzen eines solchen Links *an sich* kann ich nichts sagen; aber als Mittel zur Verbindung zweier gigantischer Dampfkommunikationssysteme wird es eines Tages eine große Bedeutung haben; und danach wird im gesamten Nordostviertel des afrikanischen Kontinents unter dem Einfluss oder der Autorität der britischen Krone eine ununterbrochene Dampfkommunikation vorherrschen, die eine Gesamtstrecke auf Schiene und Fluss von vielleicht 20.000 Meilen umfasst.

Abenteuerlustige und Fantasievolle können über diese kompakten und praktikablen Schritte hinaus in eine entlegenere und spekulativere Region blicken. Bis die Verbindung zwischen den Schienen- und Wassersystemen Ugandas und Sudans hergestellt ist, wird die Eisenbahn von Rhodos-Kap nach Kairo möglicherweise das südliche Ende des Tanganjikasees erreicht haben, und dann wird nur eine vergleichsweise kurze Unterbrechung eine vollständige transkontinentale Linie verhindern. Wenn auch nicht ausschließlich auf der Eisenbahn, so doch zumindest auf dem Dampfverkehr und auf komfortablem und schnellem Reisen.

Dann ist es vielleicht an der Zeit, eine weitere Reise zu unternehmen; Aber da der Leser, der zweifellos darauf achten wird, sich ein Touristenticket erster Klasse zu sichern, meine Dienste als Reiseführer nicht länger benötigen wird, werde ich diese Gelegenheit nutzen, um ihm meinen Bogen zu machen.

FUSSNOTE

[1] „Mit freundlicher Genehmigung von Herrn Lydekker vom British Natural History Museum wurde mir mitgeteilt, dass der wahre Name des in Uganda gefundenen Breitmaulnashorns *Rhinoceros Simus Cottoni ist* . ‚Burchells Breitmaulnashorn' ist die Bezeichnung der südlichen Rasse; aber ich habe im Text den in Uganda gebräuchlichen Namen beibehalten.